IGER-TRAINER 2

Autoren:
Matthias Heidenreich,
Martina Kinkel-Craciunescu
und Thomas Laubis

Bestell-Nr. 2503-66 · ISBN 978-3-619-25366-1

© 2005 Mildenberger Verlag GmbH, 77652 Offenburg
Internetadresse: www.mildenberger-verlag.de
E-Mail: info@mildenberger-verlag.de

Auflage	Druck	5	4	3	2
Jahr	2010	2009	2008	2007	

Das Werk und seine Teile sind urheberrechtlich geschützt. Jede Nutzung in anderen als den gesetzlich zugelassenen Fällen bedarf der vorherigen schriftlichen Einwilligung des Verlages. Hinweis zu § 52a UrhG: Weder das Werk noch seine Teile dürfen ohne eine solche Einwilligung eingescannt und in ein Netzwerk eingestellt werden. Dies gilt auch für Intranets von Schulen und sonstigen Bildungseinrichtungen!

Layout und Illustrationen: Judith Heusch, 79362 Forchheim
Druck: Kehler Druck GmbH & Co. KG, 77694 Kehl
Gedruckt auf umweltfreundlichen Papieren

Mildenberger Verlag

ab Seite 4

① 3 + 5 =   4 + 2 =   2 + 7 =   4 + 6 =   1 + 7 =
13 + 5 =   14 + 2 =   12 + 7 =   14 + 6 =   11 + 7 =

② 4 + 3 =   5 + 5 =   3 + 6 =   2 + 5 =   1 + 3 =
14 + 3 =   15 + 5 =   13 + 6 =   12 + 5 =   11 + 3 =

③ 5 − 2 =   7 − 3 =   9 − 2 =   8 − 5 =   10 − 1 =
15 − 2 =   17 − 3 =   19 − 2 =   18 − 5 =   20 − 1 =

④ 6 − 4 =   4 − 4 =   8 − 6 =   4 − 3 =   7 − 5 =
16 − 4 =   14 − 4 =   18 − 6 =   14 − 3 =   17 − 5 =

Setze ein: <, >, =.

⑤ 9 ◯ 11
13 ◯ 10
17 ◯ 17
5 ◯ 15

⑥ 13 + 2 ◯ 16
16 + 4 ◯ 20
18 − 5 ◯ 12
19 − 6 ◯ 14

⑦ 10 ◯ 18 − 9
7 ◯ 16 − 8
8 ◯ 14 − 7
6 ◯ 12 − 6

⑧ 11 + 5 ◯ 20 − 4
17 − 4 ◯ 12 + 6
10 + 9 ◯ 18 − 3
19 − 5 ◯ 13 + 1

ab Seite 5

Immer 4 Aufgaben.

① 8 7 15

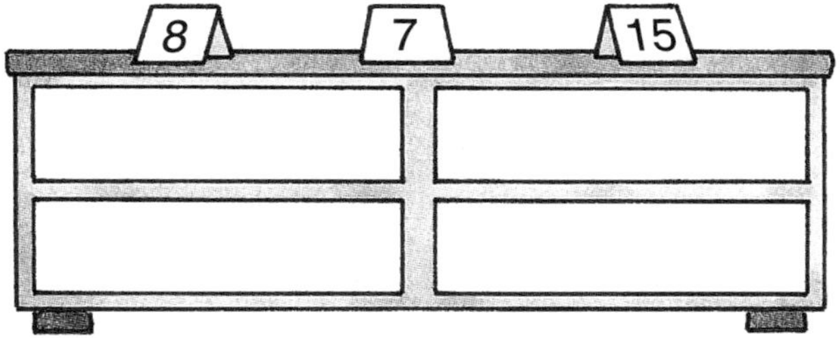

② 14 9 5

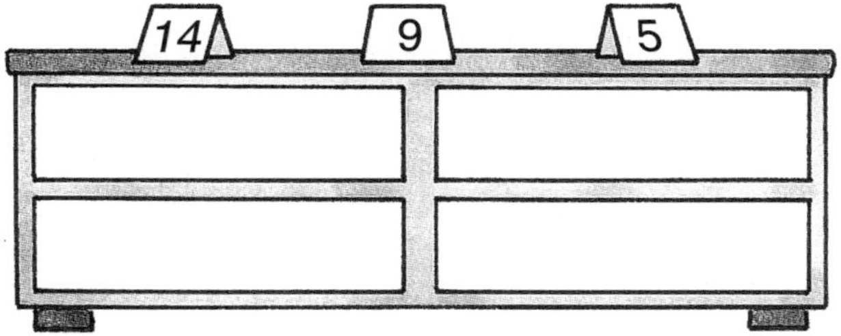

③ 7 11 ☐

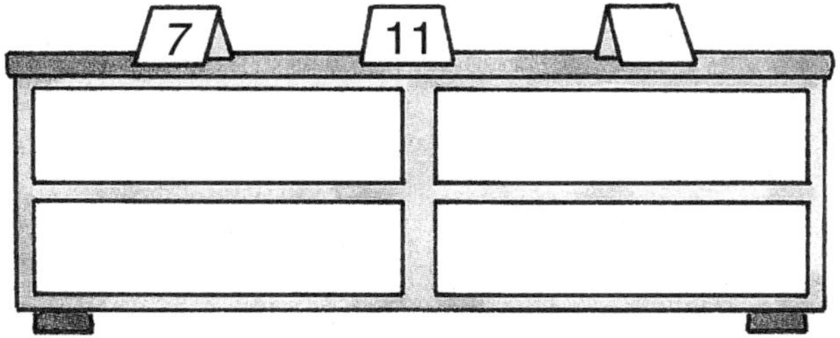

④ 6 ☐ 13

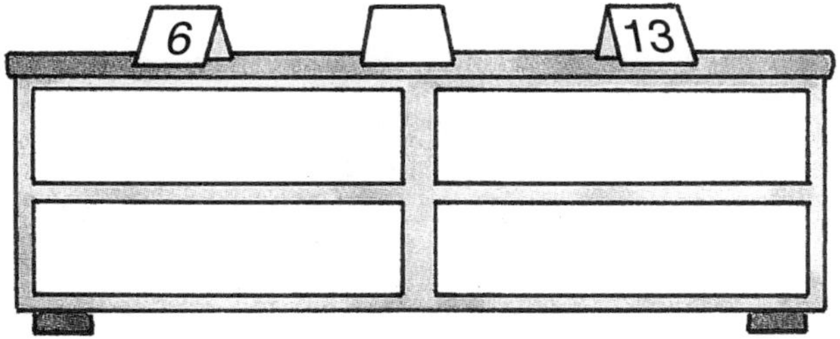

⑤ ☐ 20 5

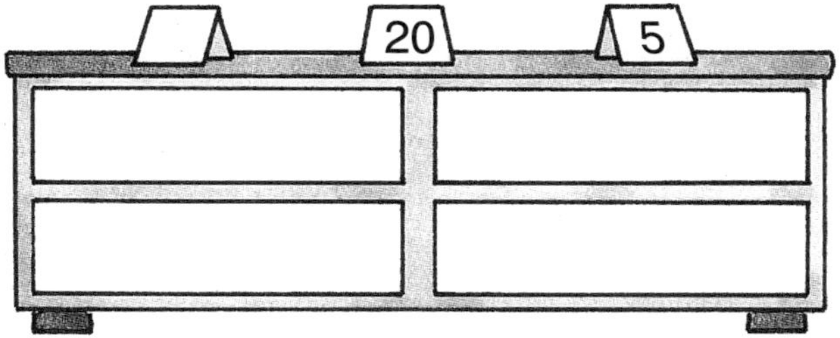

⑥ 60 20 ☐

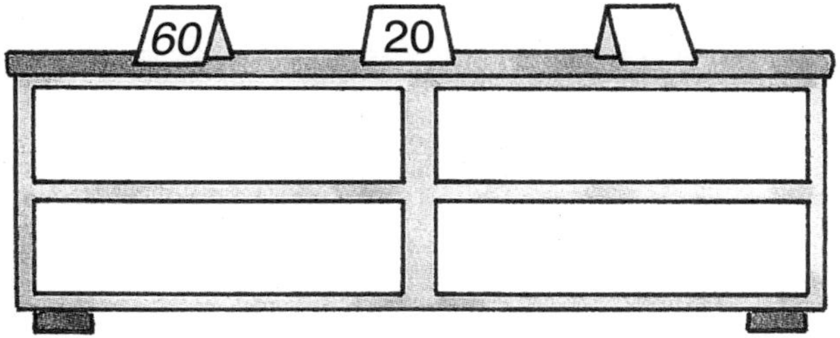

ab Seite 6

① 6 + 7 = ___   7 + 4 = ___   9 + 3 = ___   8 + 5 = ___
  6 + 4 + 3 = ___   7 + __ + __ = ___   9 + __ + __ = ___   8 + __ + __ = ___

② 2 + 9 = ___   9 + 7 = ___   7 + 6 = ___   5 + 7 = ___
  2 + __ + __ = ___   9 + __ + __ = ___   7 + __ + __ = ___   5 + __ + __ = ___

③ 7 + 8 = ___   8 + 9 = ___   6 + 8 = ___   8 + 4 = ___
  7 + _____ = ___   8 + _____ = ___   6 + _____ = ___   8 + _____ = ___

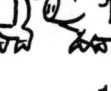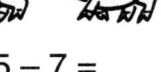

④ 13 − 8 = ___   17 − 8 = ___   14 − 6 = ___   15 − 7 = ___
  13 − 3 − 5 = ___   17 − __ − __ = ___   14 − __ − __ = ___   15 − __ − __ = ___

⑤ 18 − 9 = ___   13 − 5 = ___   16 − 9 = ___   12 − 6 = ___
  18 − __ − __ = ___   13 − __ − __ = ___   16 − __ − __ = ___   12 − __ − __ = ___

⑥ 12 − 8 = ___   15 − 8 = ___   11 − 7 = ___   12 − 7 = ___
  12 − _____ = ___   15 − _____ = ___   11 − _____ = ___   12 − _____ = ___

 ab Seite 7

① +6 / −6 → 14
___ + 6 = 14
14 − 6 = ___

−5 / +5 → 8
___ − 5 = 8
8 + 5 = ___

+9 → 16

−7 → 6

② +8 → 12

−6 → 9

+4 → 13

−10 → 7

③ 5 + 7 = ____
12 − 7 = ____

8 + 9 = ____
17 −

14 − 8 = ___
6 +

17 − 9 = ___

④ ___ + 6 = 15
15 − 6 = ___

___ + 5 = 11

___ − 6 = 6

___ − 5 = 7

 ab Seite 8

Baue mit den Grundsteinen ⟨3⟩ ⟨5⟩ ⟨8⟩ Rechenmauern.
Wie muss man bauen, um die größte oder kleinste Zahl zu erhalten?

 ab Seite 9

①

+	6	7	4	5	8	9
3						
4						
7						
8						
5						
6						
9						
10						

②

−	5	6	3	4	7	8
20						
19						
17						
16						
13						
12						
15						
14						

ab Seite 10

① 2 + 6 =   3 + 4 =   5 + 2 =   1 + 8 =
20 + 60 =   30 + 40 =   50 + 20 =   10 + 80 =

② 8 − 3 =   5 − 4 =   9 − 6 =   7 − 2 =
80 − 30 =   50 − 40 =   90 − 60 =   70 − 20 =

③ 4 + 2 =   7 + 3 =   5 + 4 =   3 + 3 =
40 + 20 =   70 + 30 =   50 + 40 =   30 + 30 =

④ 9 − 5 =   6 − 4 =   10 − 5 =   8 − 6 =
90 − 50 =   60 − 40 =   100 − 50 =   80 − 60 =

⑤ 1 + 7 =   9 − 7 =   2 + 8 =   7 − 4 =
10 + 70 =   90 − 70 =   20 + 80 =   70 − 40 =

8

ab Seite 10

① 60 + ___ = 90 ② 80 − ___ = 30 ③ ___ + 40 = 90 ④ ___ − 50 = 50
　40 + ___ = 80　　60 − ___ = 20　　___ + 10 = 30　　___ − 70 = 10
　30 + ___ = 50　　90 − ___ = 10　　___ + 60 = 80　　___ − 40 = 30
　20 + ___ = 70　　50 − ___ = 30　　___ + 30 = 100　___ − 60 = 20
　50 + ___ = 60　　70 − ___ = 40　　___ + 50 = 60　　___ − 20 = 40
　10 + ___ = 40　　40 − ___ = 0 　　___ + 20 = 90　　___ − 80 = 0

Setze ein: <, >, =.

⑤ 30 ◯ 60　⑥ 10 + 40 ◯ 30　⑦ 80 ◯ 60 − 30　⑧ 20 + 70 ◯ 80 − 10
　50 ◯ 10　　80 − 60 ◯ 10　　100 ◯ 20 + 80　　90 − 90 ◯ 70 + 20
　20 ◯ 0 　　30 + 20 ◯ 50　　60 ◯ 70 − 40　　30 + 50 ◯ 100 − 20
　40 ◯ 40　　90 − 70 ◯ 40　　40 ◯ 90 − 20　　80 − 70 ◯ 40 + 60
　70 ◯ 90　　50 + 10 ◯ 70　　90 ◯ 80 − 50　　10 + 30 ◯ 90 − 50

ab Seite 13

① 30 + 40 + 10 = ☐   20 + 10 + 30 = ☐   40 + ☐ + 20 = 70
50 + 10 + 10 = ☐   10 + 10 + 80 = ☐   30 + ☐ + 30 = 80
20 + 60 + 10 = ☐   20 + 30 + 40 = ☐   60 + ☐ + 40 = 100

② 100 − 20 − 20 = ☐   80 − 20 − 20 = ☐   40 − ☐ − 30 = 0
90 − 30 − 40 = ☐   60 − 10 − 40 = ☐   80 − ☐ − 10 = 10
70 − 30 − 30 = ☐   50 − 20 − 10 = ☐   90 − ☐ − 70 = 0

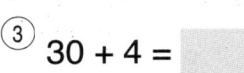

③ 30 + 4 = ☐   ④ 10 + 5 = ☐   ⑤ 74 = 70 + 4   ⑥ 69 = 60 + ___
50 + 7 = ☐   40 + 9 = ☐   33 = 30 + ___   91 = ___
20 + 8 = ☐   70 + 6 = ☐   16 = ___   8 = ___
90 + 3 = ☐   0 + 1 = ☐   87 = ___   25 = ___
60 + 2 = ☐   80 + 0 = ☐   52 = ___   40 = ___

10

ab Seite 14

Schreibe jeweils auf drei Arten.

①
37 = 3 Z 7 E = ||| :::.
73 = _____ = _____
26 = _____ = _____
62 = _____ = _____
48 = _____ = _____
84 = _____ = _____

②
5 Z 1 E = _____ = _____
1 Z 5 E = _____ = _____
9 Z 0 E = _____ = _____
0 Z 9 E = _____ = _____
6 Z 3 E = _____ = _____
3 Z 6 E = _____ = _____

③
||| :: = _____ = _____
||||| || = _____ = _____
| :::: = _____ = _____
||||| ||| . = _____ = _____
:::: = _____ = _____
||||| :: = _____ = _____

Ordne die Zahlen der Größe nach.
Verwende <.

④ 37, 78, 51, 20
___ < ___ < ___ < ___

⑤ 55, 7, 31, 48
_____

⑥ 33, 52, 18, 0
_____

Verwende >.

⑦ 38, 83, 28, 82
_____

⑧ 17, 77, 71, 67
_____

⑨ 55, 5, 95, 59
_____

11

ab Seite 15

Setze ein: <, >, =.

① sechsundfünfzig ◯ fünfundsechzig

dreiundachtzig ◯ achtunddreißig

sechzehn ◯ siebzehn

neunundneunzig ◯ neunundachtzig

② vierundzwanzig ◯ einundzwanzig

sechsunddreißig ◯ dreiundsechzig

einundneunzig ◯ einhunderteins

siebenundvierzig ◯ vierundsiebzig

Bilde Zahlen und schreibe sie mit Ziffern auf.

③ zwei siebzig   72

fünf   und   ___

sieben dreißig   ___

④ drei achtzig   ___

acht   und   ___

neun   zehn   ___

12

A-12   ab Seite 18

Schreibe die Zahlen, die bei den Buchstaben stehen müssten, der Größe nach auf.
Schreibe dann die Buchstaben dazu. Wie heißen die Wörter?

①
		m			
a					16
			l		
	e	33			n

| 3 | 11 | | | |
| m | | | | |

②
			z	
e		i		
	c	h	29	
n				
46	e		n	

③
	s			c
h		n		65
	e		i	
	82	d		
e				n

④
		k	
	45		
l			e
		b	
	e		78
		n	

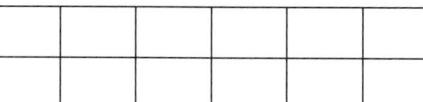

ab Seite 19

①
Vorgänger	Zahl	Nachfolger
	64	
	21	
	88	
	19	
	43	
	77	
	32	
	56	

②
Vorgänger	Zahl	Nachfolger
	10	
	50	
	20	
69		
		81
91		
		9
40		

③
Vorgänger	Zahl	Nachfolger
	99	
		12
	37	
78		
	54	
		41
	29	
84		

Schreibe die Nachbarzehner auf.

④ 30 < 38 < 40
____ < 71 < ____
____ < 25 < ____
____ < 84 < ____

⑤ ____ < 12 < ____
____ < 49 < ____
____ < 60 < ____
____ < 93 < ____

⑥ ____ < 56 < ____
____ < 7 < ____
____ < 66 < ____
____ < 10 < ____

1. TIGER-TEST

① 1 + 6 =   6 − 4 =   5 + 3 =   8 − 7 =   4 + 5 =

  11 + 6 =   16 − 4 =   15 + 3 =   18 − 7 =   14 + 5 =

② 1 + 5 =   3 + 7 =   1 + 6 =   8 − 5 =   9 − 7 =

  10 + 50 = 30 + 70 = 10 + 60 = 80 − 50 = 90 − 70 =

③ 30 + ___ = 90   20 + ___ = 80   90 − ___ = 40   60 − ___ = 40

  70 + ___ = 90   40 + ___ = 80   90 − ___ = 10   60 − ___ = 0

Setze ein: <, >, =.

④ 30 ○ 27 + 4   50 + 4 ○ 40   80 − 40 ○ 41   13 + 3 ○ 17 − 4

  80 ○ 90 − 10   6 + 10 ○ 15   22 + 60 ○ 70   9 − 6 ○ 2 + 5

⑤

Vorgänger	Zahl	Nachfolger
	37	
	59	
	71	

Vorgänger	Zahl	Nachfolger
16		
	40	
		91

Vorgänger	Zahl	Nachfolger
		82
	65	
28		

ab Seite 20

① 58 + ___ = 60
36 + ___ = 40
85 + ___ = 90
41 + ___ = 50
63 + ___ = 70

② 74 − ___ = 70
92 − ___ = 90
29 − ___ = 20
7 − ___ = 0
50 − ___ = 40

③ 80 + ___ = 87
10 + ___ = 20
60 + ___ = 65
40 + ___ = 48
20 + ___ = 24

④ 50 − ___ = 43
30 − ___ = 21
70 − ___ = 66
100 − ___ = 92
90 − ___ = 89

⑤ 5 + 4 = ___
15 + 4 = ___
25 + 4 = ___

⑥ 8 − 4 = ___
18 − 4 = ___
28 − 4 = ___

⑦ 4 + 6 = ___
14 + 6 = ___
24 + 6 = ___

⑧ 9 − 7 = ___
19 − 7 = ___
29 − 7 = ___

ab Seite 21

① 26 + 4 =   ② 47 + 3 =   ③ 82 − 2 =   ④ 54 − 4 =
26 + 5 =   47 + 5 =   82 − 3 =   54 − 6 =
26 + 6 =   47 + 6 =   82 − 4 =   54 − 7 =
26 + 7 =   47 + 7 =   82 − 5 =   54 − 8 =
26 + 8 =   47 + 9 =   82 − 6 =   54 − 10 =
26 + 9 =   47 + 10 =   82 − 7 =   54 − 12 =

⑤ 38 + ___ = 40   ⑥ 79 + ___ = 80   ⑦ 63 − ___ = 60   ⑧ 95 − ___ = 90
38 + ___ = 41   79 + ___ = 82   63 − ___ = 59   95 − ___ = 88
38 + ___ = 42   79 + ___ = 84   63 − ___ = 58   95 − ___ = 87
38 + ___ = 43   79 + ___ = 86   63 − ___ = 57   95 − ___ = 85
38 + ___ = 44   79 + ___ = 88   63 − ___ = 56   95 − ___ = 84
38 + ___ = 45   79 + ___ = 90   63 − ___ = 55   95 − ___ = 80

17

ab Seite 24

Finde 7 Unterschiede.

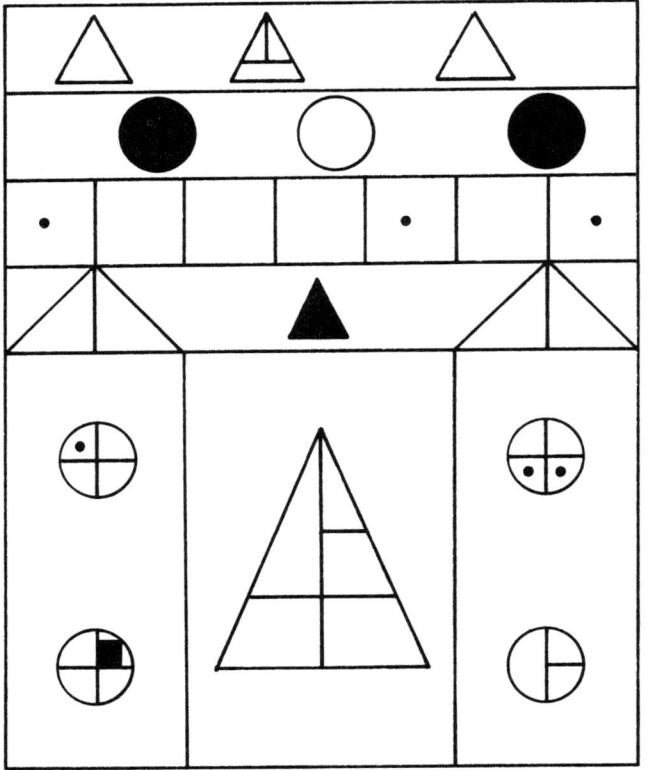
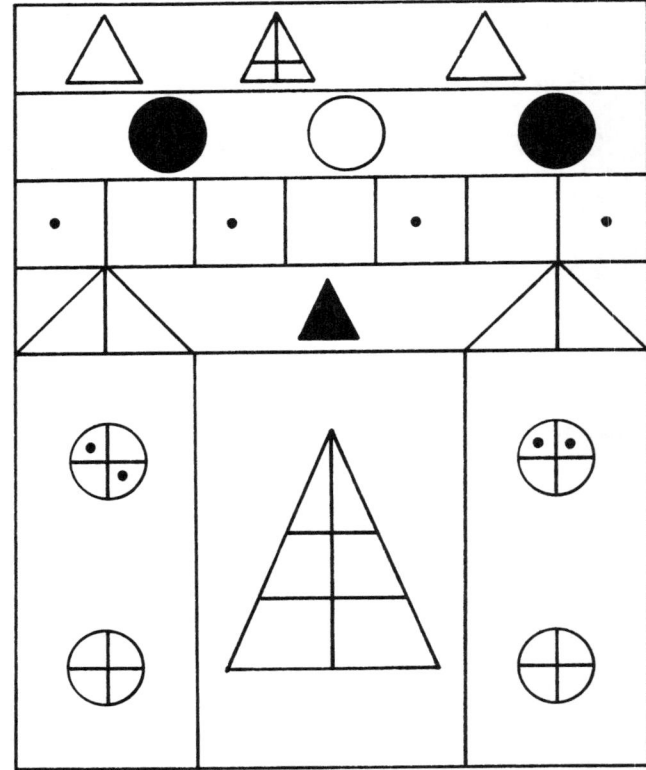

ab Seite 25

① Wie viele Formen sind versteckt?

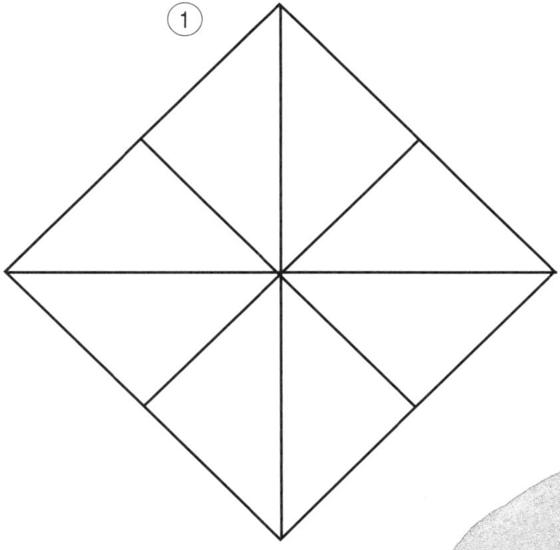

_____ Quadrate

_____ Dreiecke

_____ Rechtecke

Setze fort.

②

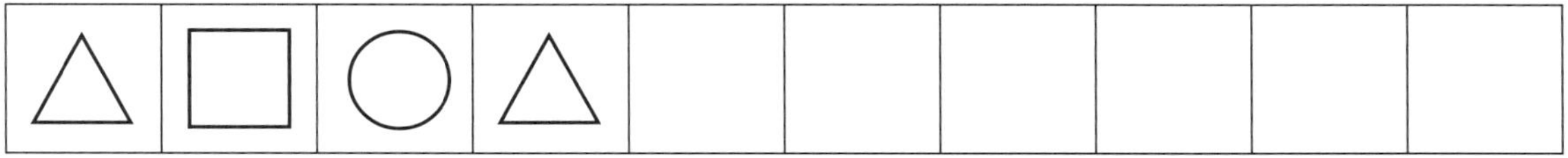

③

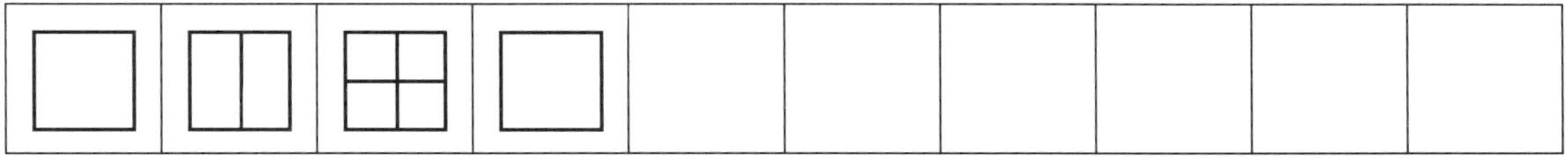

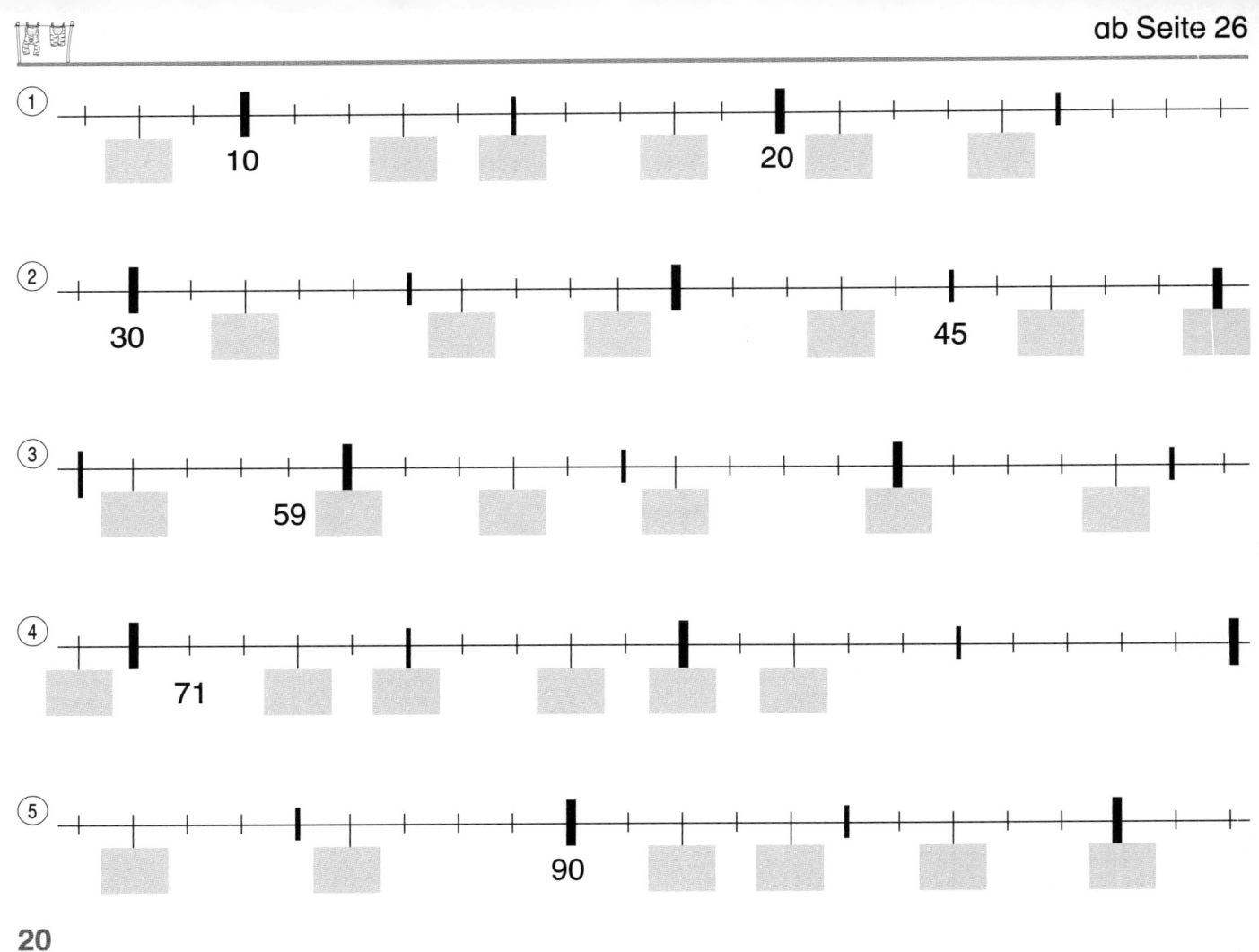

ab Seite 27

Finde die Regeln und setze die Zahlenfolgen fort.

① 7, 17, 27, ___ , ___ , ___ , ___ , ___ , ___ , ___ , ___ , ___ , ___

② 4, 8, 12, ___ , ___ , ___ , ___ , ___ , ___ , ___ , ___ , ___ , ___

③ 11, 16, 21, ___ , ___ , ___ , ___ , ___ , ___ , ___ , ___ , ___ , ___

④ 99, 96, 93, ___ , ___ , ___ , ___ , ___ , ___ , ___ , ___ , ___ , ___

⑤ 100, 94, 88, ___ , ___ , ___ , ___ , ___ , ___ , ___ , ___ , ___ , ___

⑥ 0, 6, 2, 8, 4, ___ , ___ , ___ , ___ , ___ , ___ , ___ , ___ , ___ , ___

⑦ 95, 85, 88, 78, 81, ___ , ___ , ___ , ___ , ___ , ___ , ___ , ___ , ___

⑧

ab Seite 28

① 6 + 7 = ____
16 + 7 = ____
26 + 7 = ____
_____
_____
_____
_____
_____

② 12 − 8 = ____
22 − 8 = ____
32 − 8 = ____
_____
_____
_____
_____
_____

③ 8 + 9 = ____
18 + 9 = ____
28 + 9 = ____
_____
_____
_____
_____
_____

④ 11 − 6 = ____
21 − 6 = ____
31 − 6 = ____
_____
_____
_____
_____
_____

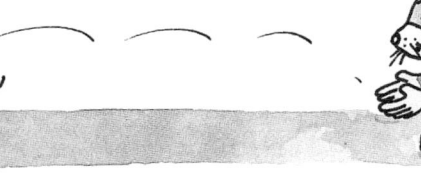

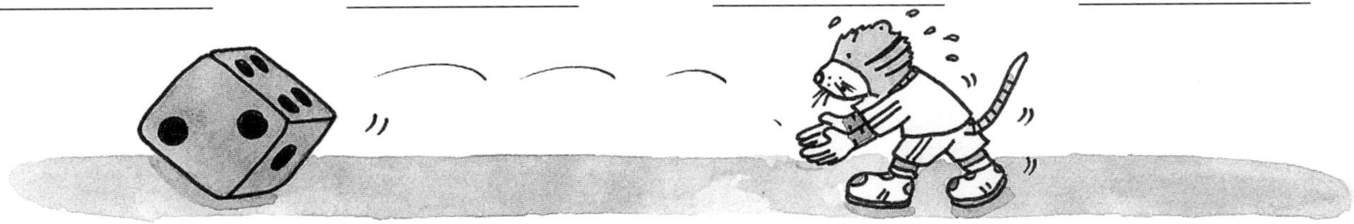

⑤ 4 + 30 = ____
24 + 30 = ____
44 + 30 = ____
_____

⑥ 35 − 20 = ____
55 − 20 = ____
75 − 20 = ____
_____

⑦ 2 + 20 = ____
22 + 20 = ____
42 + 20 = ____
_____

⑧ 99 − 30 = ____
79 − 30 = ____
59 − 30 = ____
_____

ab Seite 29

①
+	2	3	6	8	9
8					
38					
78					
4					
24					
54					

②
−	3	2	7	5	4
13					
63					
93					
35					
55					
75					

③ 40, 15, 15, 0

④ 44, 22, 11, 6

⑤ 64, 32, 20, 10

2. TIGER-TEST

① 53 + ___ = 60   ② 89 − ___ = 80   ③ 67 + ___ = 70   ④ 90 − ___ = 82
　 36 + ___ = 40   　 45 − ___ = 40   　 94 − ___ = 90   　 17 + ___ = 20
　 71 + ___ = 80   　 22 − ___ = 20   　 18 + ___ = 20   　 50 − ___ = 43

⑤ 27 + 5 = ___   ⑥ 71 − 6 = ___   ⑦ 88 + 4 = ___   ⑧ 34 − 5 = ___
　 83 + 8 = ___   　 35 − 9 = ___   　 19 + 7 = ___   　 63 − 8 = ___
　 56 + 4 = ___   　 92 − 3 = ___   　 76 + 9 = ___   　 45 − 9 = ___

⑨
　　　50

⑩
　　　　　75

⑪ 9, 15, 21, ___, ___, ___, ___, ___, ___, 75

⑫ 5, 8, 7, 10, 9, ___, ___, ___, ___, ___, 17

ab Seite 30

① 17 + 20 = ____
44 + 50 = ____
23 + 70 = ____
56 + 30 = ____
 8 + 60 = ____
37 + 40 = ____

② 10 + 81 = ____
40 + 38 = ____
70 + 19 = ____
30 + 65 = ____
60 + 24 = ____
50 + 9 = ____

③ 36 + ____ = 56
75 + ____ = 85
48 + ____ = 88
29 + ____ = 79
11 + ____ = 91
64 + ____ = 84

④ ____ + 65 = 75
____ + 39 = 69
____ + 5 = 55
____ + 21 = 61
____ + 54 = 84
____ + 47 = 77

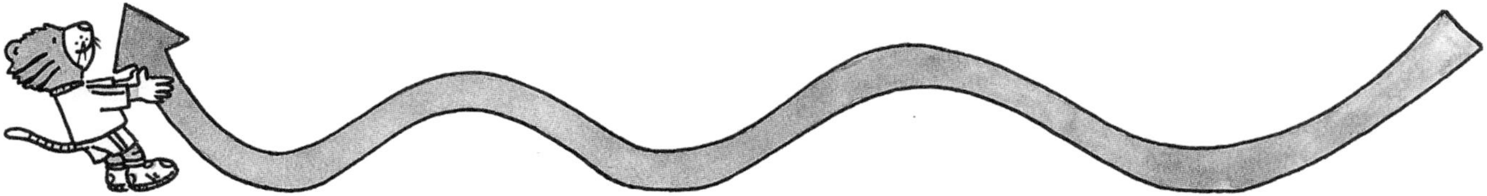

⑤ 64 + 7 = ____
88 + 6 = ____
33 + 9 = ____
52 + 5 = ____
26 + 8 = ____
49 + 3 = ____

⑥ 28 + 31 = ____
42 + 16 = ____
57 + 22 = ____
36 + 44 = ____
61 + 25 = ____
14 + 23 = ____

⑦ 2 + 17 = ____
83 + 10 = ____
73 + 26 = ____
18 + 32 = ____
24 + 65 = ____
31 + 49 = ____

⑧ 37 + 50 = ____
72 + 23 = ____
 8 + 92 = ____
43 + 36 = ____
29 + 71 = ____
54 + 12 = ____

25

ab Seite 31

① +5　　−1　　+8　　−7　　+10
　□　　□　　19　　□　　□　　30

② −6　　+2　　−9　　+4　　−3
　□　　□　　65　　□　　□　　57

③ +9　　+6　　−8　　−5　　+7
　□　　96　　□　　□　　90

④ ___ + 8 = 25　　⑤ ___ − 9 = 48　　⑥ ___ + 7 = 33　　⑦ ___ + 5 = 91
　 ___ + 4 = 32　　　 ___ − 3 = 69　　　 ___ − 4 = 68　　　 ___ − 6 = 16
　 ___ + 6 = 53　　　 ___ − 7 = 92　　　 ___ + 9 = 43　　　 ___ + 3 = 3
　 ___ + 2 = 81　　　 ___ − 4 = 74　　　 ___ − 8 = 27　　　 ___ − 2 = 58

26

ab Seite 32

① Leila hat 25 Steine.
Sarah hat 14 Steine mehr.
F: _____
R:

A: _____

② Tobias hat 59 Nüsse.
Tom hat 26 Nüsse mehr.
F: _____
R:

A: _____

③ Julien hat 37 Murmeln.
Felix hat doppelt so viele Murmeln.
F: _____
R:

A: _____

④ Tina hat 48 Eicheln.
Diana hat 34 Eicheln mehr.
F: _____
R:

A: _____

27

ab Seite 33

① 27 + 38 = _____
  27 + 30 = _____
  _____

② 53 + 39 = _____
  _____
  _____

③ 64 + 27 = _____
  _____
  _____

④ 48 + 34 = _____
  _____
  _____

⑤ 35 + 56 = _____
  _____
  _____

⑥ 42 + 29 = _____
  _____
  _____

⑦ 16 + 57 = _____
  _____
  _____

⑧ 29 + 45 = _____
  _____
  _____

⑨ 39 →(+42)→ ☐
  + 40 ↓ ↗
       79

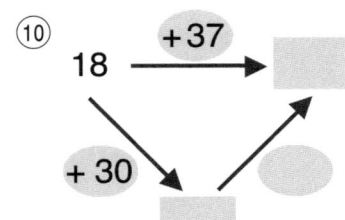

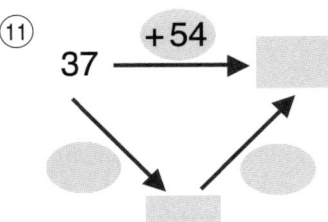

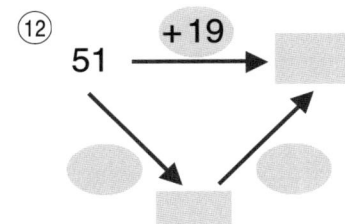

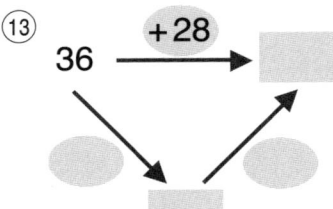

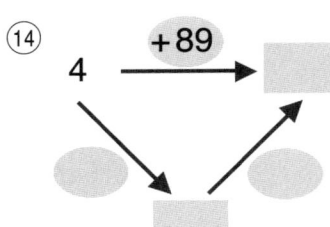

28

ab Seite 34

①  ②  ③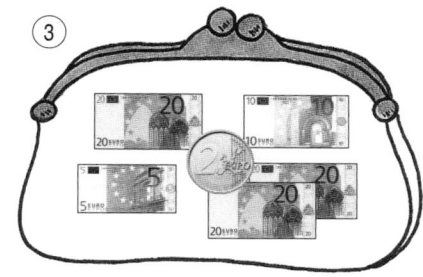

④ **Immer 60 ct !**

Mit 2 Münzen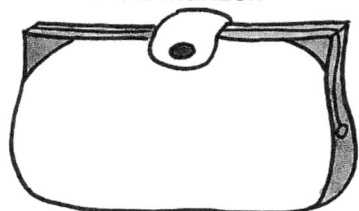

Mit 4 Münzen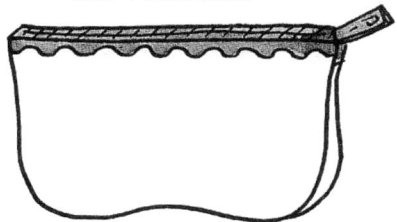

Mit 8 Münzen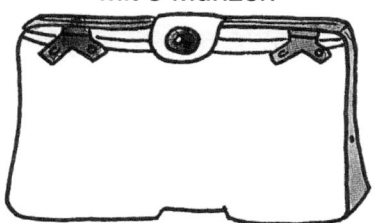

⑤ **Immer 75 € !**

Mit 3 Scheinen

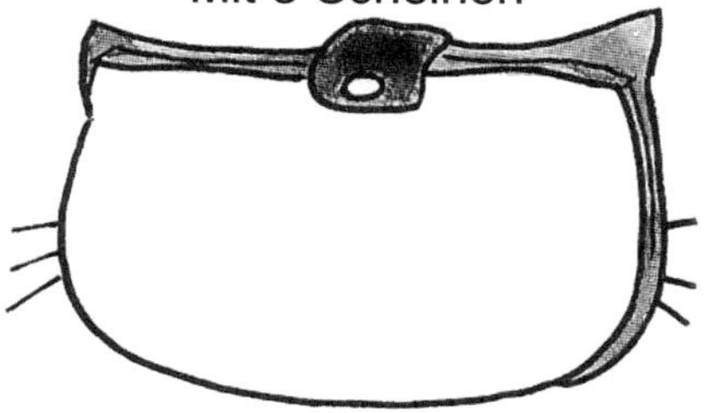

Mit 5 Scheinen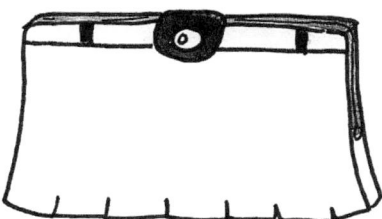

Mit 3 Scheinen und 3 Münzen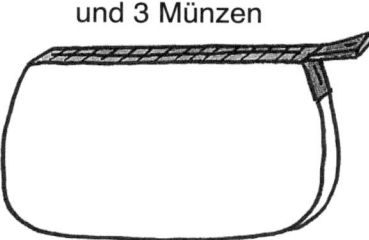

29

ab Seite 35

① 20 ct + 10 ct + 10 ct = ☐ ct

10 ct + 50 ct + 5 ct = ☐ ct

20 ct + 20 ct + 2 ct + 2 ct = ☐ ct

② 10 € + 20 € + 5 € = ☐ €

50 € + 5 € + 5 € + 2 € = ☐ €

10 € + 10 € + 50 € + 1 € = ☐ €

③ 20 € + 5 € + 50 ct + 5 ct = ☐ € ☐ ct

10 € + 2 € + 2 € + 20 ct + 20 ct = ☐ € ☐ ct

50 € + 20 € + 50 ct + 20 ct = ☐ € ☐ ct

Setze ein <, >, =.

④ 83 ct ◯ 78 ct   ⑤ 56 € ◯ 65 €   ⑥ 15 ct ◯ 15 €   ⑦ 1 € + 50 ct ◯ 50 ct + 50 ct

49 ct ◯ 94 ct   19 € ◯ 17 €   36 € ◯ 99 ct   20 ct + 50 ct ◯ 2 € + 5 ct

62 ct ◯ 62 ct   28 € ◯ 25 €   100 ct ◯ 10 €   7 € + 10 ct ◯ 6 € + 90 ct

⑧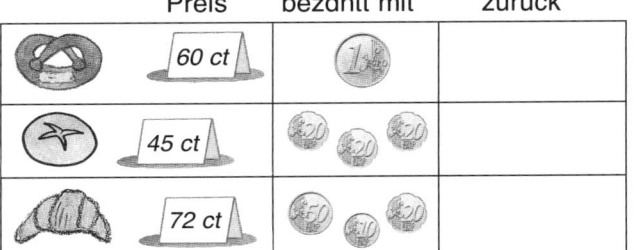

⑨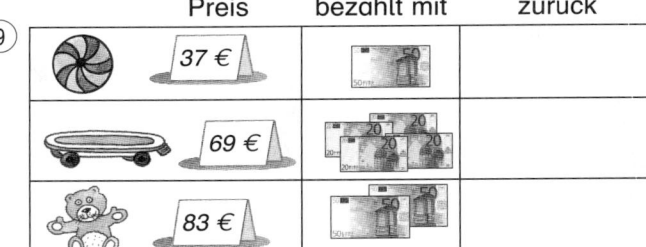

30

ab Seite 37

① 58 – 30 = ____ ② 29 – 20 = ____ ③ 56 – ____ = 36 ④ 75 – 25 = ____
   42 – 40 = ____   51 – 30 = ____   85 – ____ = 75   69 – 39 = ____
   67 – 20 = ____   88 – 60 = ____   91 – ____ = 11   57 – 17 = ____
   36 – 10 = ____   40 – 40 = ____   79 – ____ = 29   44 – 24 = ____
   79 – 50 = ____   93 – 80 = ____   88 – ____ = 48   83 – 73 = ____
   13 – 10 = ____   65 – 40 = ____   17 – ____ = 7   26 – 16 = ____

⑤ 25 – 8 = ____ ⑥ 61 – ____ = 54 ⑦ 38 – 21 = ____ ⑧ 72 – 51 = ____
   62 – 5 = ____   83 – ____ = 77   46 – 12 = ____   54 – 13 = ____
   57 – 9 = ____   94 – ____ = 86   57 – 22 = ____   99 – 45 = ____
   41 – 4 = ____   32 – ____ = 28   66 – 44 = ____   28 – 27 = ____
   36 – 7 = ____   55 – ____ = 49   75 – 34 = ____   16 – 11 = ____
   64 – 6 = ____   76 – ____ = 68   89 – 76 = ____   61 – 31 = ____

ab Seite 38

① 93 − 15 = _____
93 − 10 = _____
_____

② 82 − 27 = _____
_____
_____

③ 74 − 35 = _____
_____
_____

④ 65 − 48 = _____
_____
_____

⑤ 51 − 32 = _____
_____
_____

⑥ 46 − 19 = _____
_____
_____

⑦ 35 − 26 = _____
_____
_____

⑧ 87 − 59 = _____
_____
_____

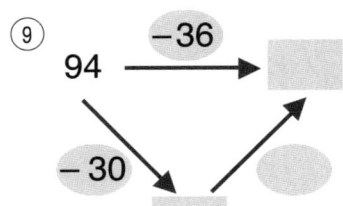 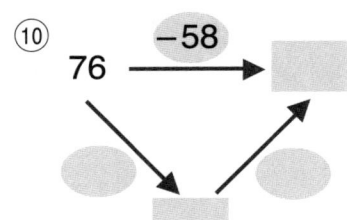 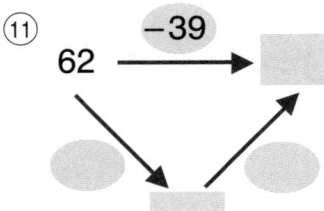

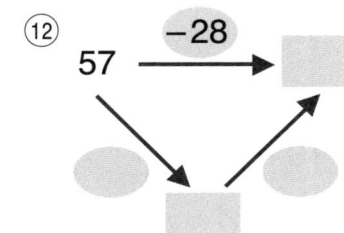 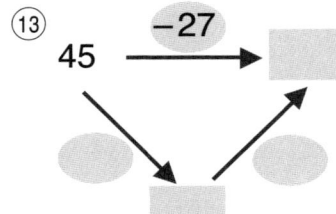 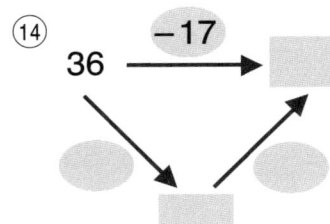

3. TIGER-TEST

① 59 + 3 =
48 + 7 =
70 + 8 =
61 + 9 =

② 63 − 4 =
78 − 9 =
82 − 5 =
90 − 6 =

③ ___ + 4 = 77
___ + 6 = 93
___ + 9 = 81
___ + 3 = 56

④ 50 − ___ = 46
80 − ___ = 72
20 − ___ = 13
90 − ___ = 84

Setze ein: <, >, =.

⑤ 18 ct ◯ 18 €
43 € ◯ 99 ct
10 € ◯ 100 ct

⑥ 20 ct + 8 ct ◯ 37 ct
51 ct + 4 ct ◯ 29 ct
63 ct + 6 ct ◯ 66 ct

⑦ 69 € ◯ 62 € − 7 €
82 € ◯ 85 € − 3 €
36 € ◯ 48 € − 8 €

⑧ 56 + 39 =

⑨ 27 + 44 =

⑩ 81 − 54 =

⑪ 63 − 37 =

ab Seite 39

① Tamara hat 56 Steine.
Ken hat 24 Steine weniger.
F: _____
R:
A: _____

② Ilknur hat 38 Perlen.
Moni hat 15 Perlen weniger.
F: _____
R:
A: _____

③ Michael hat 63 Murmeln.
Sina hat 21 Murmeln weniger.
F: _____
R:
A: _____

④ Verena hat 49 Nüsse.
Steffi hat 16 Nüsse weniger.
F: _____
R:
A: _____

ab Seite 40

① 28 + 59 =   ② 64 − 38 =   ③ 37 + 54 =   ④ 83 − 26 =

⑤ 35 + 46 =   ⑥ 50 − 37 =   ⑦ 41 + 58 =   ⑧ 73 − 52 =

⑨ 49 + 27 =   ⑩ 62 − 39 =   ⑪ 58 + 19 =   ⑫ 95 − 59 =

⑬ Nimm dein Lineal und zeichne weiter.

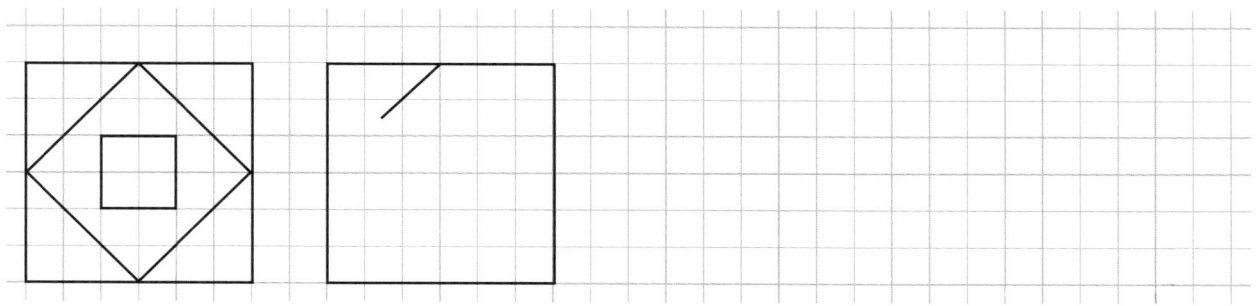

ab Seite 43

① Miss genau.

$\overline{AB}$ = ____ cm

$\overline{CD}$ = ____ cm

$\overline{EF}$ = ____ cm $\overline{GH}$ = ____ cm

$\overline{IJ}$ = ____ cm

$\overline{KL}$ = ____ cm ____ mm

$\overline{MN}$ = ____ cm ____ mm

② Zeichne das Muster mit dem Lineal.

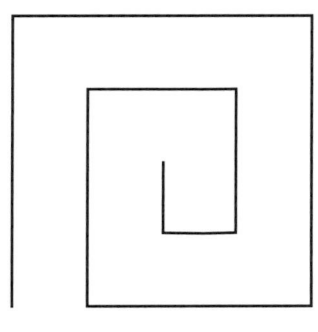

ab Seite 44

①
52 cm + 24 cm = ____ cm
27 cm + 39 cm = ____ cm
45 cm + 55 cm = ____ cm
63 cm + 18 cm = ____ cm
71 cm + 28 cm = ____ cm

②
82 cm – 57 cm = ____ cm
34 cm – 17 cm = ____ cm
91 cm – 79 cm = ____ cm
75 cm – 65 cm = ____ cm
56 cm – 38 cm = ____ cm

③
70 cm + ____ cm = 100 cm
48 cm + ____ cm = 100 cm
____ cm + 67 cm = 100 cm
____ cm + 35 cm = 100 cm
____ cm + 94 cm = 100 cm

④ 3 mm + 6 mm + 4 mm + 7 mm = ____ mm = ____ cm
    8 mm + 5 mm + 9 mm + 8 mm = ____ mm = ____ cm
   15 mm + 20 mm + 3 mm + 2 mm = ____ mm = ____ cm

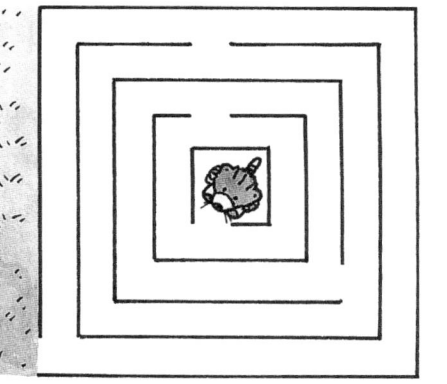

Setze ein <, >, =.

⑤
47 cm ◯ 84 cm
26 cm ◯ 23 cm
75 cm ◯ 57 cm

⑥
62 cm + 24 cm ◯ 42 cm + 24 cm
96 cm – 38 cm ◯ 29 cm + 29 cm
71 cm – 59 cm ◯ 83 cm – 44 cm

⑦
40 mm ◯ 3 cm
28 mm ◯ 5 cm
100 mm ◯ 10 cm

37

1

Marc hat eine Leiste in vier Stücke zersägt. Jedes Stück ist 20 cm lang. Wie lang war die Leiste?

B:

R:

A: _____

2

Moritz hat ein 30 cm langes und 20 cm breites Deckchen bedruckt. Um den Rand möchte er ein Band nähen. Wie viel cm Band braucht er?

B:

R:

A: _____

3

Zum Basteln braucht Nina 3 Stücke einer Leiste. Das erste muss 20 cm lang sein, das zweite 30 cm und das dritte Stück doppelt so lang wie das erste Stück. Wie lang muss die Leiste sein?

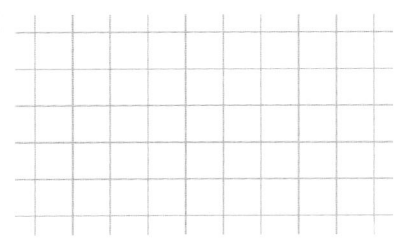

B:

R:

A: _____

ab Seite 48

Verwende den Kalender im Mathetiger 2 auf Seite 48.

① Auf welche Wochentage fallen der …

4. März ? _____ 2. Januar ? _____ 27.10. ? _____

6. Juni ? _____ 23. August ? _____ 6.12. ? _____

② Wie viele Tage sind seit Monatsanfang jeweils vergangen?

bis 13. März: ___ Tage bis 5. Juni: ___ Tage bis 19. November: ___ Tage

bis 27. Mai: ___ Tage bis 30. August: ___ Tage bis 24. Dezember: ___ Tage

③ Wie viele Tage sind es jeweils bis zum Monatsende?

vom 15. Januar: ___ Tage vom 12. Juli: ___ Tage vom 25. Oktober: ___ Tage

vom 12. September: ___ Tage vom 7. April: ___ Tage vom 19. Februar: ___ Tage

④ Wie viele Tage liegen dazwischen?

1. Februar bis 14. Februar: ___ Tage 12. Mai bis 31. Mai: ___ Tage

6. Dezember bis 24. Dezember: ___ Tage 8. Juli bis 8. August: ___ Tage

⑤ Heute ist Sonntag, welcher Tag war vorgestern?

⑥ Übermorgen ist Mittwoch. Welcher Tag war gestern?

⑦ Vor drei Tagen war Montag. Welcher Tag ist in vier Tagen?

ab Seite 49

① 11 + 79 = ____
22 + 68 = ____
33 + 57 = ____
____
____
____
____

② 90 – 10 = ____
80 – 11 = ____
70 – 12 = ____
____
____
____
____

③ 12 + 12 = ____
13 + 13 = ____
14 + 14 = ____
____
____
____
____

④ 88 – 44 = ____
86 – 43 = ____
84 – 42 = ____
____
____
____
____

⑤ 20 + 30 = ____
22 + 32 = ____
24 + 34 = ____
____
____
____
____

⑥ 70 – 50 = ____
69 – 51 = ____
68 – 52 = ____
____
____
____
____

⑦ 80 + 15 = ____
75 + 20 = ____
70 + 25 = ____
____
____
____
____

⑧ 100 – 95 = ____
95 – 85 = ____
90 – 75 = ____
____
____
____
____

ab Seite 50

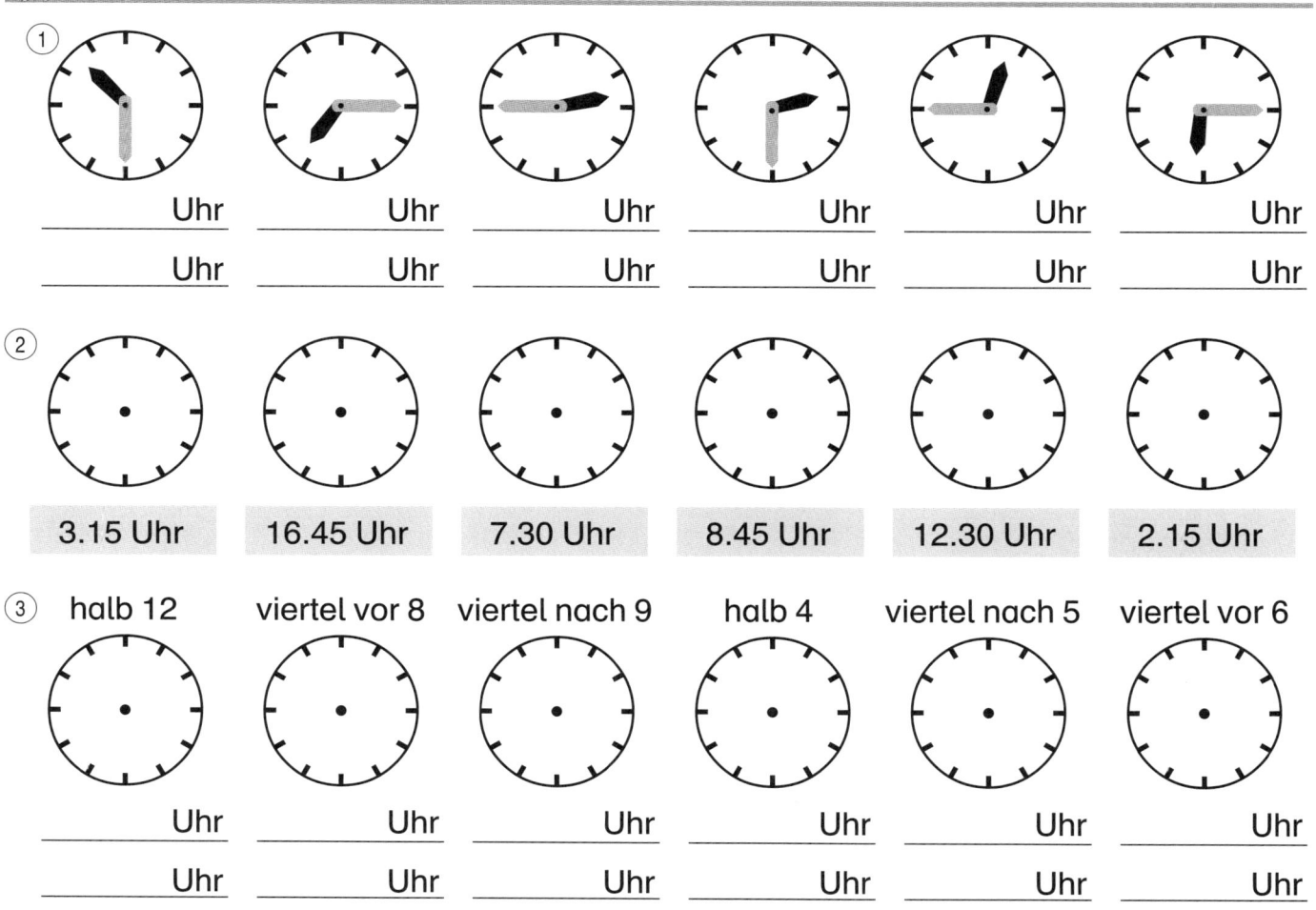

①

_____ Uhr   _____ Uhr   _____ Uhr   _____ Uhr   _____ Uhr   _____ Uhr

_____ Uhr   _____ Uhr   _____ Uhr   _____ Uhr   _____ Uhr   _____ Uhr

②

3.15 Uhr   16.45 Uhr   7.30 Uhr   8.45 Uhr   12.30 Uhr   2.15 Uhr

③ halb 12   viertel vor 8   viertel nach 9   halb 4   viertel nach 5   viertel vor 6

_____ Uhr   _____ Uhr   _____ Uhr   _____ Uhr   _____ Uhr   _____ Uhr

_____ Uhr   _____ Uhr   _____ Uhr   _____ Uhr   _____ Uhr   _____ Uhr

41

4. TIGER-TEST

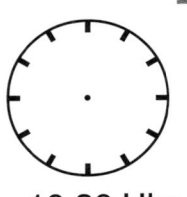

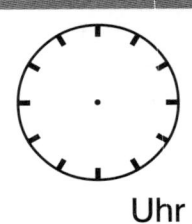

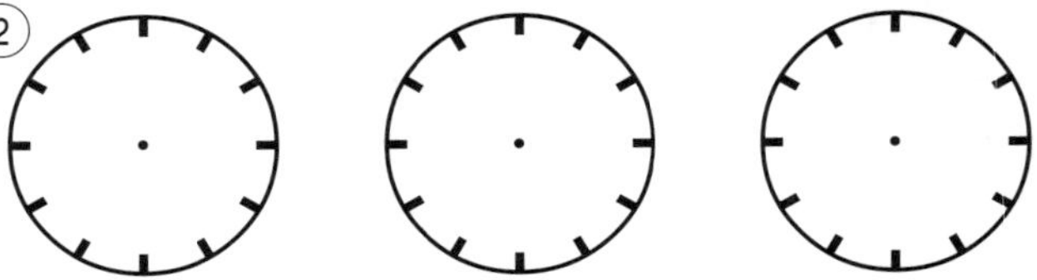

① _____ Uhr   _____ Uhr   _____ Uhr   ② 1.15 Uhr   10.30 Uhr   _____ Uhr

_____ Uhr   _____ Uhr   _____ Uhr   _____ Uhr   _____ Uhr   18.30 Uhr

③ Wenn vorgestern Montag war, ist übermorgen _____ .

④ 39 + 60 =   56 + 9 =   43 + 27 =   21 + 57 =   38 + 49 =

87 − 50 =   72 − 8 =   68 − 38 =   95 − 43 =   82 − 65 =

⑤ Miss genau.

A _____ B $\overline{AB}$ = _____ cm

⑥

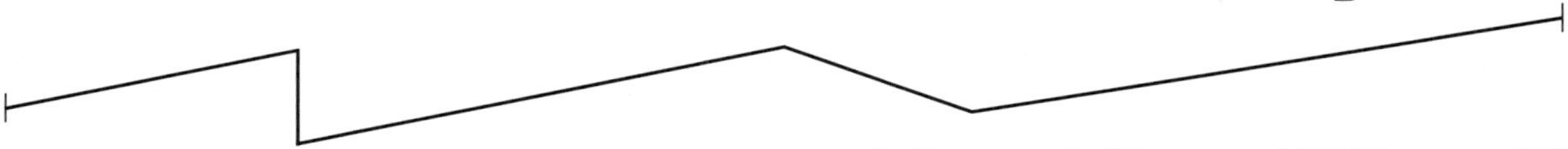

_____ cm + _____ cm + _____ cm + _____ cm + _____ cm = _____ cm

⑦ Zeichne $\overline{CD}$ = 11 cm 5 mm.

ab Seite 52

Erfinde farbige Muster.

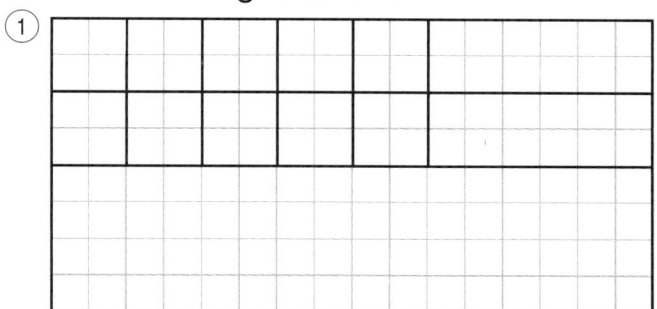

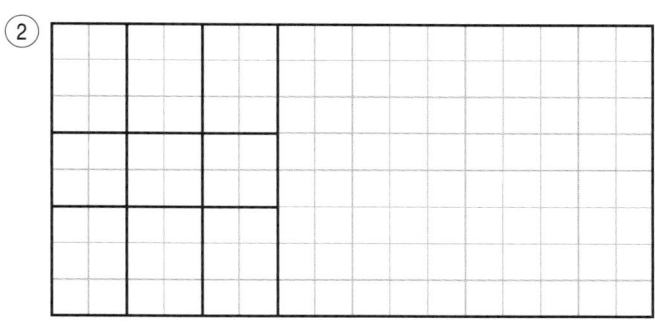

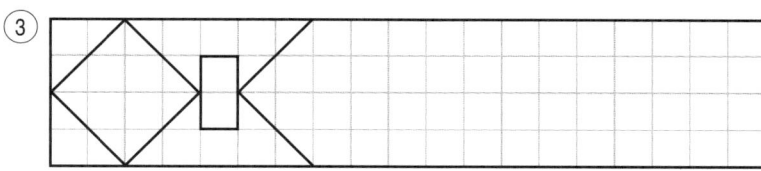

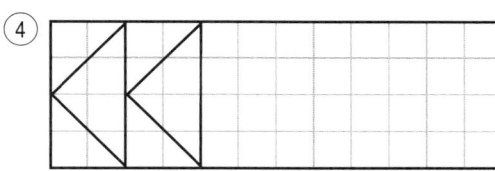

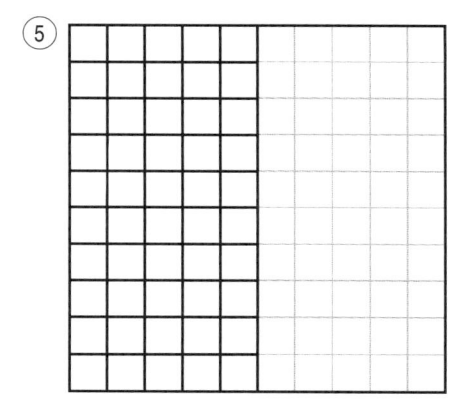

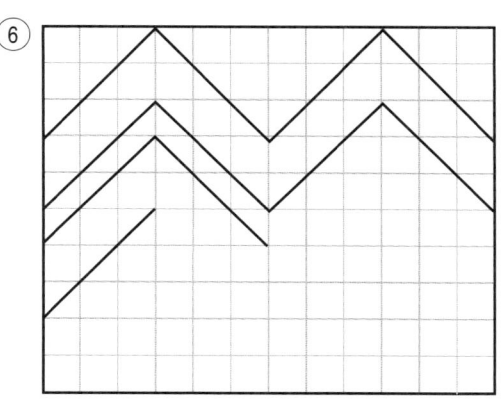

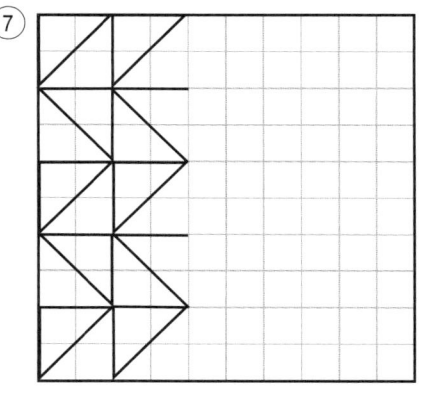

ab Seite 53

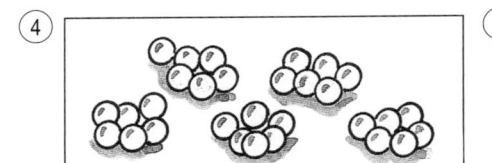

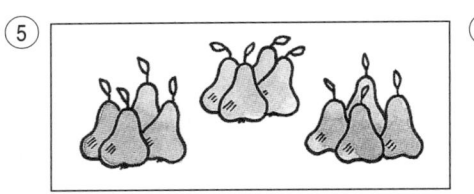

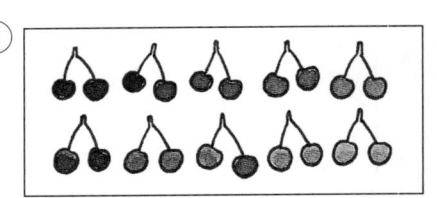

Finde eine Plus- und eine Malaufgabe.

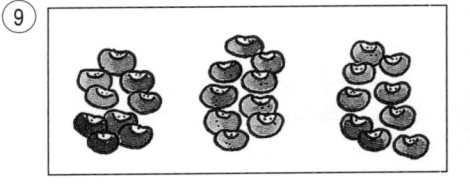

ab Seite 54

Finde eine Plus- und eine Malaufgabe.

① ② ③ ④

___
___

⑤ ⑥ ⑦ ⑧

$4 + 4 + 4 + 4 =$ $3 + 3 + 3 =$

45

ab Seite 55

Schreibe immer zwei Malaufgaben auf.

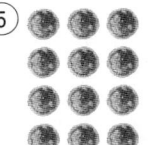

① ② ③ ④ ⑤

3 · 5 = _____   _____   _____   _____   _____
5 · 3 = _____   _____   _____   _____   _____

Zeichne Punktebilder.

⑥ ⑦ ⑧ ⑨

4 · 8 = _____   3 · 9 = _____   5 · 5 = _____   7 · 3 = _____

Finde die Rechenregel und setze fort.

⑩ 2, 4, 6, ___, ___, ___, ___, ___, ___, ___, ___, ___,

⑪ 5, 10, 15, ___, ___, ___, ___, ___, ___, ___, ___,

46

ab Seite 55

① 5 + 5 + 5 + 5 + 5 + 5 + 5 + 5 = ____   ② 9 + 9 + 9 = ____   ③ 2 + 2 + 2 + 2 = ____
   ▨ · 5 =

④ 7 + 7 + 7 + 7 = ____   ⑤ 8 + 8 + 8 + 8 + 8 = ____   ⑥ 6 + 6 + 6 + 6 + 6 + 6 + 6 = ____

⑦ 24 + 11 = ____   ⑧ 36 − 11 = ____   ⑨ 96 − 7 = ____   ⑩ 80 + 15 = ____
   23 + 22 = ____   46 − 22 = ____   95 − 17 = ____   68 + 16 = ____
   22 + 33 = ____   56 − 33 = ____   94 − 27 = ____   56 + 17 = ____
   21 + 44 = ____

Finde die Rechenregel und setze fort.

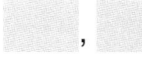

⑪ 4, 8, 12, ▨ , ▨ , ▨ , ▨ , ▨ , ▨ , ▨ , ▨ ,

⑫ 8, 16, 24, ▨ , ▨ , ▨ , ▨ , ▨ , ▨ , ▨ , ▨ ,

ab Seite 57

①
0 · 2 = ___
1 · 2 = ___
2 · 2 = ___
3 · 2 = ___
4 · 2 = ___
5 · 2 = ___
6 · 2 = ___
7 · 2 = ___
8 · 2 = ___
9 · 2 = ___
10 · 2 = ___

②
20 = ___ · 2
18 = ___ · 2
16 = ___ · 2
14 = ___ · 2
12 = ___ · 2
10 = ___ · 2
8 = ___ · 2
6 = ___ · 2
4 = ___ · 2
2 = ___ · 2
0 = ___ · 2

③
2 · 0 = ___
2 · 1 = ___
2 · 2 = ___
2 · 3 = ___
2 · 4 = ___
2 · 5 = ___
2 · 6 = ___
2 · 7 = ___
2 · 8 = ___
2 · 9 = ___
2 · 10 = ___

④
7 · 2 = ___
3 · 2 = ___
8 · 2 = ___
4 · 2 = ___
1 · 2 = ___
5 · 2 = ___
2 · 2 = ___
6 · 2 = ___
10 · 2 = ___
0 · 2 = ___
9 · 2 = ___

⑤
___ · 2 = 2
___ · 2 = 4
___ · 2 = 8
___ · 2 = 16
___ · 2 = 10
___ · 2 = 20
___ · 2 = 6
___ · 2 = 12
___ · 2 = 18
___ · 2 = 14
___ · 2 = 0

⑥ Setze fort.

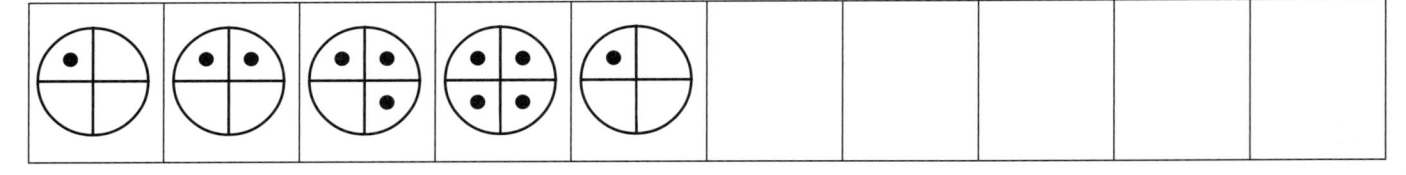

ab Seite 58

①
0 · 4 = ____
1 · 4 = ____
2 · 4 = ____
3 · 4 = ____
4 · 4 = ____
5 · 4 = ____
6 · 4 = ____
7 · 4 = ____
8 · 4 = ____
9 · 4 = ____
10 · 4 = ____

②
40 = ____ · 4
36 = ____ · 4
32 = ____ · 4
28 = ____ · 4
24 = ____ · 4
20 = ____ · 4
16 = ____ · 4
12 = ____ · 4
8 = ____ · 4
4 = ____ · 4
0 = ____ · 4

③
4 · 0 = ____
4 · 1 = ____
4 · 2 = ____
4 · 3 = ____
4 · 4 = ____
4 · 5 = ____
4 · 6 = ____
4 · 7 = ____
4 · 8 = ____
4 · 9 = ____
4 · 10 = ____

④
7 · 4 = ____
3 · 4 = ____
8 · 4 = ____
4 · 4 = ____
1 · 4 = ____
5 · 4 = ____
2 · 4 = ____
6 · 4 = ____
10 · 4 = ____
0 · 4 = ____
9 · 4 = ____

⑤
____ · 4 = 4
____ · 4 = 8
____ · 4 = 16
____ · 4 = 20
____ · 4 = 40
____ · 4 = 12
____ · 4 = 24
____ · 4 = 36
____ · 4 = 28
____ · 4 = 0
____ · 4 = 32

Setze fort.

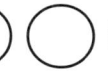

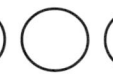

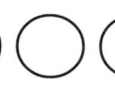

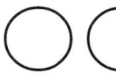

⑥
⑦

ab Seite 59

①

0 · 8 = ___
1 · 8 = ___
2 · 8 = ___
3 · 8 = ___
4 · 8 = ___
5 · 8 = ___
6 · 8 = ___
7 · 8 = ___
8 · 8 = ___
9 · 8 = ___
10 · 8 = ___

②

80 = ___ · 8
72 = ___ · 8
64 = ___ · 8
56 = ___ · 8
48 = ___ · 8
40 = ___ · 8
32 = ___ · 8
24 = ___ · 8
16 = ___ · 8
8 = ___ · 8
0 = ___ · 8

③

8 · 0 = ___
8 · 1 = ___
8 · 2 = ___
8 · 3 = ___
8 · 4 = ___
8 · 5 = ___
8 · 6 = ___
8 · 7 = ___
8 · 8 = ___
8 · 9 = ___
8 · 10 = ___

④

7 · 8 = ___
3 · 8 = ___
8 · 8 = ___
4 · 8 = ___
1 · 8 = ___
5 · 8 = ___
2 · 8 = ___
6 · 8 = ___
10 · 8 = ___
0 · 8 = ___
9 · 8 = ___

⑤

___ · 8 = 8
___ · 8 = 16
___ · 8 = 32
___ · 8 = 48
___ · 8 = 64
___ · 8 = 80
___ · 8 = 72
___ · 8 = 56
___ · 8 = 24
___ · 8 = 40
___ · 8 = 0

Setze fort.

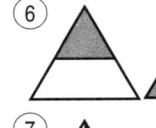

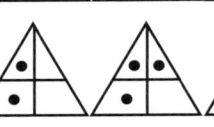

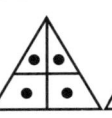

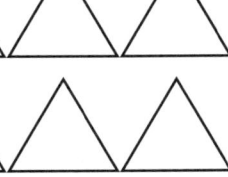

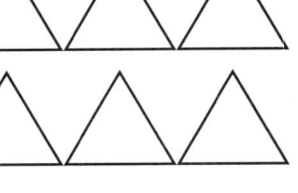

⑥

⑦

5. TIGER-TEST

① ② ③

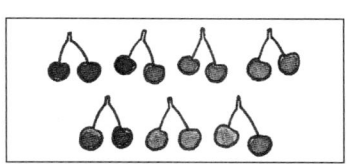

_____   _____   _____
_____   _____   _____

④ 3 · 4 = ____   7 · 2 = ____   4 · 8 = ____   8 · 2 = ____   9 · 8 = ____
6 · 4 = ____   5 · 2 = ____   5 · 8 = ____   8 · 4 = ____   9 · 4 = ____
7 · 4 = ____   3 · 2 = ____   7 · 8 = ____   8 · 8 = ____   9 · 2 = ____

⑤ 8 = ____ · 4   12 = ____ · 2   24 = ____ · 8
32 = ____ · 4   14 = ____ · 2   48 = ____ · 8
36 = ____ · 4   16 = ____ · 2   64 = ____ · 8

Finde die Regel und setze fort.

⑥ 2, 6, 8, 12, 14, ____, ____, ____, ____, ____, ____, ____, ____,

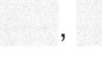

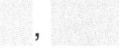

⑦ 0, 8, 6, 14, 12, ____, ____, ____, ____, ____, ____, ____, ____,

ab Seite 60

①

·	2	4	8
1			
2			
5			
10			
4			
8			
3			
6			
9			
0			
7			

② Finde den Lösungssatz.

N	R	E	D	G	I	V	S	T	U	P	L	O
24	10	20	32	16	12	8	28	36	18	40	56	48

1) $4 \cdot 8 =$ ____

2) $5 \cdot 4 =$ ____

3) $5 \cdot 2 =$ ____

4) $5 \cdot 8 =$ ____

5) $3 \cdot 4 =$ ____

6) $3 \cdot 8 =$ ____

7) $4 \cdot 4 =$ ____

8) $9 \cdot 2 =$ ____

9) $6 \cdot 2 =$ ____

10) $6 \cdot 4 =$ ____

11) $4 \cdot 3 =$ ____

12) $7 \cdot 4 =$ ____

13) $9 \cdot 4 =$ ____

14) $10 \cdot 2 =$ ____

15) $2 \cdot 6 =$ ____

16) $8 \cdot 3 =$ ____

17) $2 \cdot 4 =$ ____

18) $6 \cdot 8 =$ ____

19) $2 \cdot 8 =$ ____

20) $4 \cdot 5 =$ ____

21) $7 \cdot 8 =$ ____

1)	2)	3)	4)	5)	6)	7)	8)	9)	10)

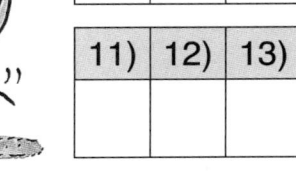

11)	12)	13)	14)	15)	16)	17)	18)	19)	20)	21)

ab Seite 61

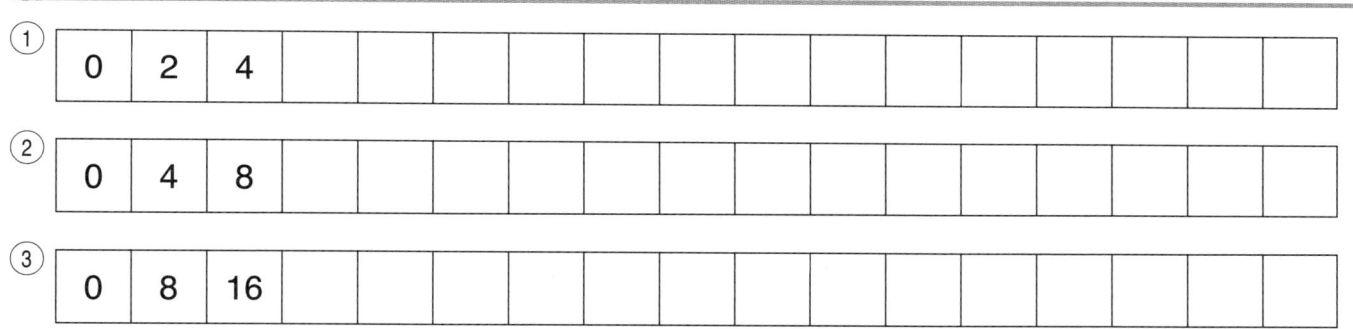

① | 0 | 2 | 4 | | | | | | | | | | | | |

② | 0 | 4 | 8 | | | | | | | | | | | | |

③ | 0 | 8 | 16 | | | | | | | | | | | | |

④ **Verbinde die Zahlen der Reihen. Beginne jeweils bei der 0.**

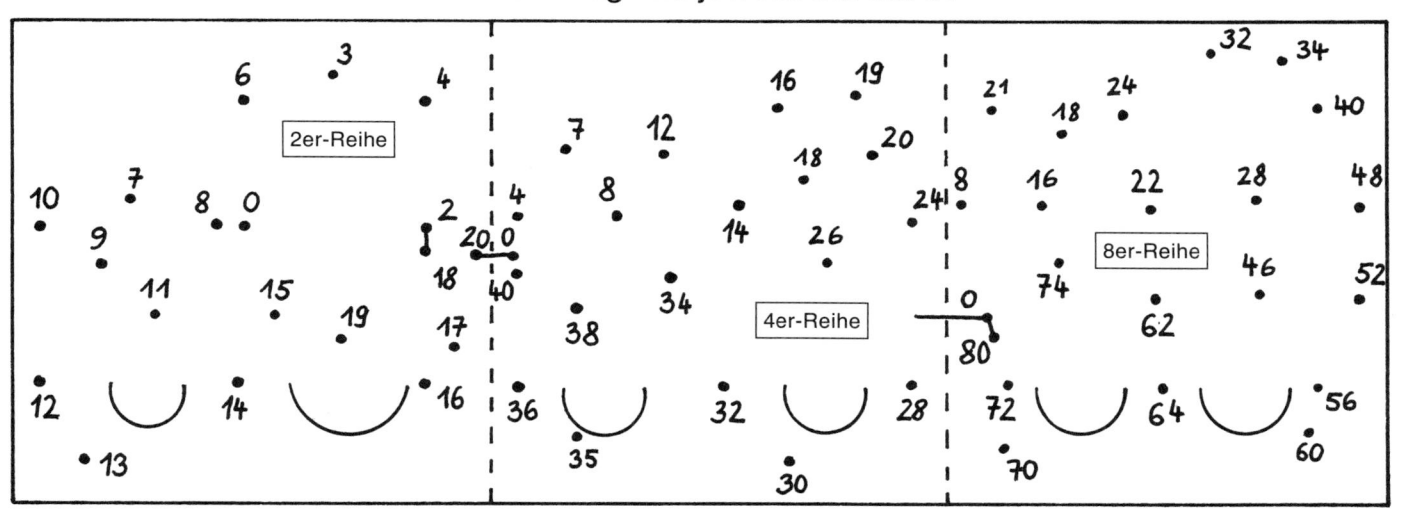

53

ab Seite 62

① 20 : 2 = ___, denn ⬚ · 2 = 20   6 : 2 = ___, denn ⬚ · 2 = 6
   10 : 2 = ___, denn ⬚ · 2 = 10   12 : 2 = ___, denn ⬚ · 2 = 12
    4 : 2 = ___, denn ⬚ · 2 = 4   18 : 2 = ___, denn ⬚ · 2 = 18
   16 : 2 = ___, denn ⬚ · 2 = 16   14 : 2 = ___, denn ⬚ · 2 = 14

② 40 : 4 = ___, denn ⬚ · 4 = 40   12 : 4 = ___, denn ⬚ · 4 = 12
   20 : 4 = ___, denn ⬚ · 4 = 20   24 : 4 = ___, denn ⬚ · 4 = 24
   16 : 4 = ___, denn ⬚ · 4 = 16   4 : 4 = ___, denn ⬚ · 4 = 4
   32 : 4 = ___, denn ⬚ · 4 = 32   28 : 4 = ___, denn ⬚ · 4 = 28

③ 80 : 8 = ___, denn ⬚ · 8 = 80   24 : 8 = ___, denn ⬚ · 8 = 24
   40 : 8 = ___, denn ⬚ · 8 = 40   48 : 8 = ___, denn ⬚ · 8 = 48
   16 : 8 = ___, denn ⬚ · 8 = 16   72 : 8 = ___, denn ⬚ · 8 = 72
   64 : 8 = ___, denn ⬚ · 8 = 64   56 : 8 = ___, denn ⬚ · 8 = 56

ab Seite 63

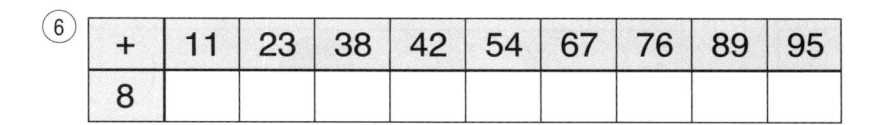

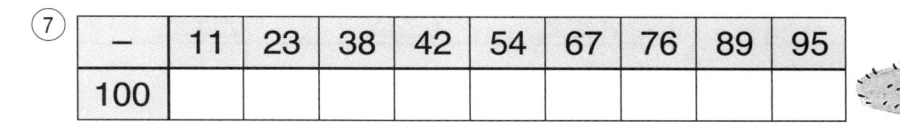

① 6 · 2 = ____
7 · 8 = ____
10 · 4 = ____
3 · 8 = ____
9 · 2 = ____
5 · 4 = ____
8 · 2 = ____
1 · 4 = ____
4 · 2 = ____
2 · 8 = ____

② 12 : 2 = ____
12 : 4 = ____
16 : 2 = ____
16 : 4 = ____
16 : 8 = ____
24 : 2 = ____
24 : 4 = ____
24 : 8 = ____
32 : 4 = ____
32 : 8 = ____

③ ☐ · 2 = 12
☐ · 4 = 20
☐ · 8 = 40
☐ · 2 = 6
☐ · 4 = 16
☐ · 8 = 24
☐ · 2 = 8
☐ · 4 = 24
☐ · 8 = 48
☐ · 8 = 64

④ 16 : ☐ = 8
12 : ☐ = 6
24 : ☐ = 3
36 : ☐ = 9
16 : ☐ = 4
40 : ☐ = 4
8 : ☐ = 2
16 : ☐ = 2
4 : ☐ = 2
24 : ☐ = 6

⑤ 7 · ☐ = 56
3 · ☐ = 12
6 · ☐ = 24
5 · ☐ = 40
4 · ☐ = 32
1 · ☐ = 8
2 · ☐ = 16
8 · ☐ = 32
10 · ☐ = 20
9 · ☐ = 36

⑥

+	11	23	38	42	54	67	76	89	95
8									

⑦

−	11	23	38	42	54	67	76	89	95
100									

ab Seite 65

Finde 7 Unterschiede.

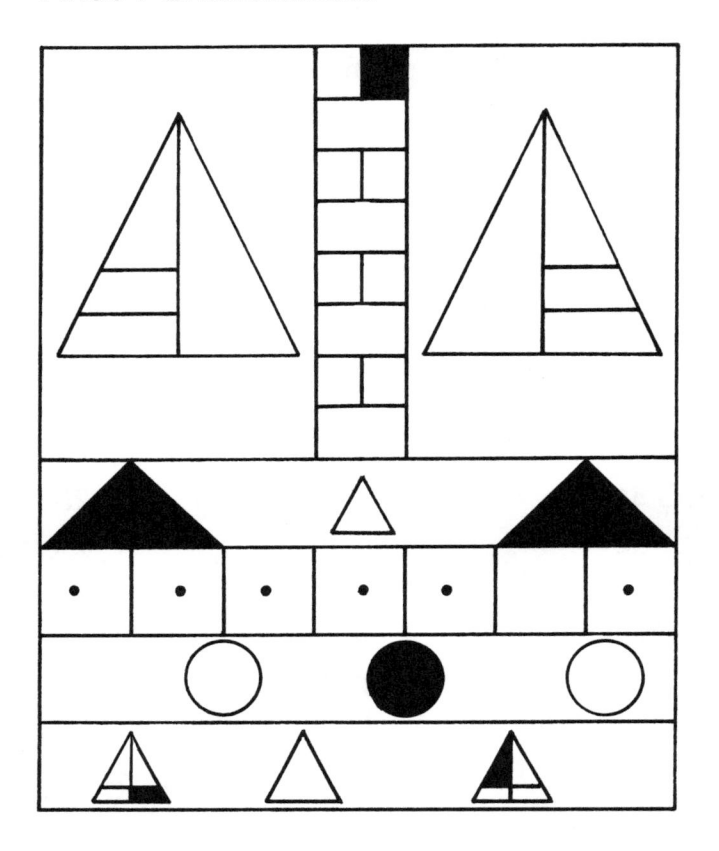

ab Seite 66

Körper haben Flächen.
Welche Flächen passen zu welchen Körpern?

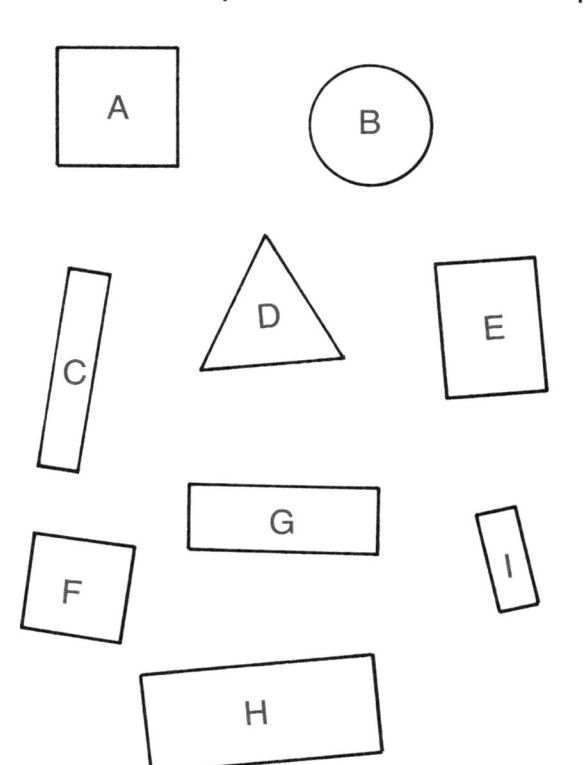

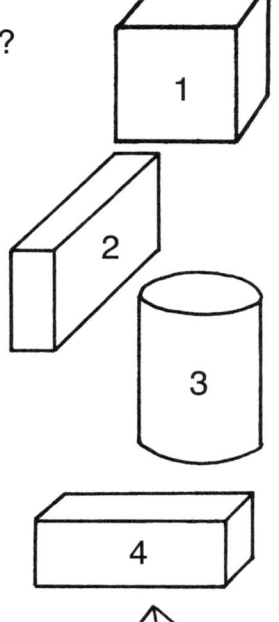

Körper 1: Würfel
Flächen: A

Körper 2: _____
Flächen: _____

Körper 3: _____
Flächen: _____

Körper 4: _____
Flächen: _____

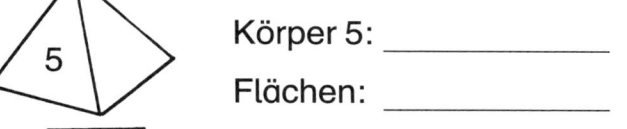

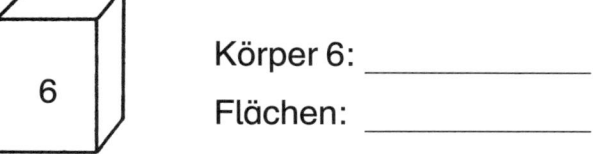

Körper 5: _____
Flächen: _____

Körper 6: _____
Flächen: _____

ab Seite 67

①
___ · 2 = 6
___ · 2 = 10
___ · 2 = 14
___ · 2 = 4
___ · 2 = 12
___ · 2 = 18
___ · 2 = 2
___ · 2 = 20
___ · 2 = 0
___ · 2 = 8
___ · 2 = 16

②
___ · 4 = 8
___ · 4 = 20
___ · 4 = 12
___ · 4 = 32
___ · 4 = 16
___ · 4 = 0
___ · 4 = 36
___ · 4 = 28
___ · 4 = 40
___ · 4 = 24
___ · 4 = 4

③
___ · 8 = 40
___ · 8 = 16
___ · 8 = 56
___ · 8 = 24
___ · 8 = 8
___ · 8 = 80
___ · 8 = 0
___ · 8 = 32
___ · 8 = 48
___ · 8 = 64
___ · 8 = 72

④

+	5		9
58		65	
	92		
			27
82			
	46		
		68	
			99
	34		
	50		
7			
	71		
		13	
			9

⑤

Zahl	8	20	12	7	50	
das Doppelte		6	18	10	28	

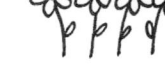

58

ab Seite 68

①
0 · 10 = ____
1 · 10 = ____
2 · 10 = ____
3 · 10 = ____
4 · 10 = ____
5 · 10 = ____
6 · 10 = ____
7 · 10 = ____
8 · 10 = ____
9 · 10 = ____
10 · 10 = ____

②
100 = ____ · 10
90 = ____ · 10
80 = ____ · 10
70 = ____ · 10
60 = ____ · 10
50 = ____ · 10
40 = ____ · 10
30 = ____ · 10
20 = ____ · 10
10 = ____ · 10
0 = ____ · 10

③
0 · 5 = ____
1 · 5 = ____
2 · 5 = ____
3 · 5 = ____
4 · 5 = ____
5 · 5 = ____
6 · 5 = ____
7 · 5 = ____
8 · 5 = ____
9 · 5 = ____
10 · 5 = ____

④
50 = ____ · 5
45 = ____ · 5
40 = ____ · 5
35 = ____ · 5
30 = ____ · 5
25 = ____ · 5
20 = ____ · 5
15 = ____ · 5
10 = ____ · 5
5 = ____ · 5
0 = ____ · 5

⑤
2 · 10 = ____
____ · 5 = 20
3 · 10 = ____
____ · 5 = 30
4 · 10 = ____
____ · 5 = 40
5 · 10 = ____
____ · 5 = 50
1 · 10 = ____
____ · 5 = 10

⑥ ⑦

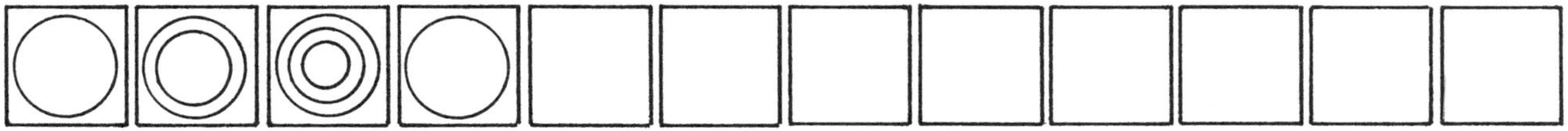

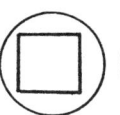

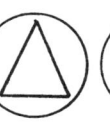

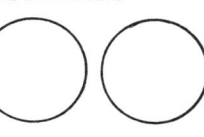

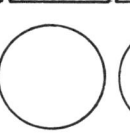

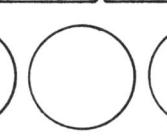

6. TIGER-TEST

①

3 · 8 = ___
7 · 2 = ___
5 · 4 = ___
9 · 10 = ___
6 · 5 = ___
8 · 8 = ___
1 · 6 = ___
4 · 2 = ___
10 · 4 = ___
2 · 10 = ___

②

___ · 2 = 16
___ · 4 = 28
___ · 8 = 40
___ · 2 = 20
___ · 8 = 48
___ · 2 = 6
___ · 4 = 16
___ · 8 = 8
___ · 8 = 64
___ · 4 = 40

③ Setze ein: <, >, =.

4 · 10	◯	2 · 8
4 · 8	◯	10 · 4
4 · 5	◯	10 · 2
9 · 4	◯	4 · 8
6 · 2	◯	7 · 4
8 · 10	◯	9 · 8
3 · 8	◯	6 · 4

④

37 + ___ = 70
83 − ___ = 40
45 + ___ = 62
55 − ___ = 19
16 + ___ = 100
24 + 68 = ___
92 − 77 = ___
9 + 29 = ___
68 − 59 = ___
71 − 46 = ___

⑤

	Würfel	Quader	Zylinder	Pyramide	Kugel
Anzahl der Flächen					
Anzahl der Ecken					
Anzahl der Kanten					

ab Seite 69

①
1 · 2 = ___
2 · 2 = ___
___ · 2 = 6
___ · 2 = 8
___ · 2 = 16
5 · 2 = ___
___ · 2 = 12
___ · 2 = 14
10 · 2 = ___
___ · 2 = 18

②
1 · 4 = ___
2 · 4 = ___
___ · 4 = 12
___ · 4 = 16
___ · 4 = 32
5 · 4 = ___
___ · 4 = 24
___ · 4 = 28
10 · 4 = ___
___ · 4 = 36

③
1 · 8 = ___
2 · 8 = ___
___ · 8 = 24
___ · 8 = 32
___ · 8 = 64
5 · 8 = ___
___ · 8 = 48
___ · 8 = 56
10 · 8 = ___
___ · 8 = 72

④
1 · 5 = ___
2 · 5 = ___
___ · 5 = 15
___ · 5 = 20
___ · 5 = 40
5 · 5 = ___
___ · 5 = 30
___ · 5 = 35
10 · 5 = ___
___ · 5 = 45

⑤
1 · 10 = ___
2 · 10 = ___
___ · 10 = 30
___ · 10 = 40
___ · 10 = 80
5 · 10 = ___
___ · 10 = 60
___ · 10 = 70
10 · 10 = ___
___ · 10 = 90

⑥

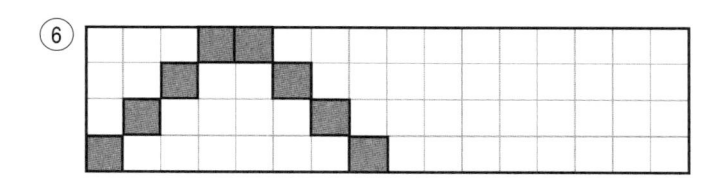

⑦

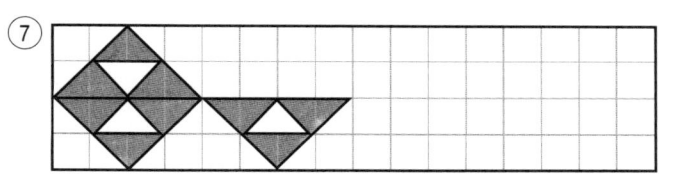

61

ab Seite 70

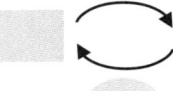

① 2 · 4 = ____   _8_ : 4 = ___
4 · 8 = ____   ___ : 8 = ___
3 · 10 = ____   ___ : 10 = ___
8 · 2 = ____   ___ : 2 = ___
5 · 5 = ____   ___ : 5 = ___
5 · 8 = ____   ___ : 8 = ___
6 · 10 = ____   ___ : 10 = ___
7 · 4 = ____   ___ : 4 = ___
3 · 5 = ____   ___ : 5 = ___
7 · 8 = ____   ___ : 8 = ___
9 · 2 = ____   ___ : 2 = ___
8 · 10 = ____   ___ : 10 = ___
3 · 4 = ____   ___ : 4 = ___
6 · 5 = ____   ___ : 5 = ___
7 · 2 = ____   ___ : 2 = ___

4er-Reihe: 0, 4, 8, 12, 14, 16, 16, 24, 28, 32, 36, 40

2er-Reihe: 0, 2, 4, 6, 8, 10, 12, 18, 20

② · 8 ... − 23
9 → □ → □

③ + 35 ... : 5
12 → □ → 7

④ · 10 ... : 2
□ → 50 → □

⑤ : 4 ... · 8
6 → □ → □

62

ab Seite 71

① 18 : 2 = ___, denn ___ · 2 = 18
30 : 5 = ___, denn ___ · 5 = ___
80 : 10 = ___, denn ___ · 10 = ___
32 : 8 = ___, denn ___ · 8 = ___
24 : 4 = ___, denn ___ · 4 = ___
14 : 2 = ___, denn ___ · 2 = ___
50 : 10 = ___, denn ___ · 10 = ___
25 : 5 = ___, denn ___ · 5 = ___
48 : 8 = ___, denn ___ · 8 = ___
12 : 4 = ___, denn ___ · 4 = ___

② 32 : 4 = ___, denn ___ · 4 = 32
70 : 10 = ___, denn ___ · 10 = ___
64 : 8 = ___, denn ___ · 8 = ___
20 : 2 = ___, denn ___ · 2 = ___
45 : 5 = ___, denn ___ · 5 = ___
30 : 10 = ___, denn ___ · 10 = ___
32 : 8 = ___, denn ___ · 8 = ___
15 : 5 = ___, denn ___ · 5 = ___
8 : 4 = ___, denn ___ · 4 = ___
10 : 2 = ___, denn ___ · 2 = ___

③ Ring mit 8 in der Mitte; innerer Ring: 2, 4, 7, 1, 3, 5, 9, 6; äußerer Ring: 32

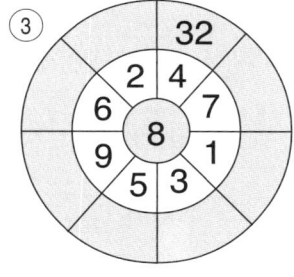

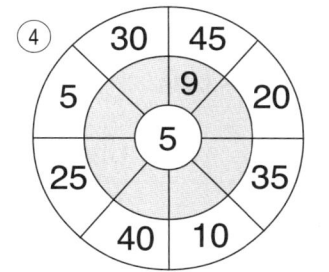

④ Ring mit 5 in der Mitte; innerer Ring: 9, 20, 35, 10, 40, 25, 5, 30; äußerer Ring: 45

⑤ Ring mit 4 in der Mitte; innerer Ring: 2, 24, 3, 4, 28, 5; äußerer Ring: 32, 8, 36

63

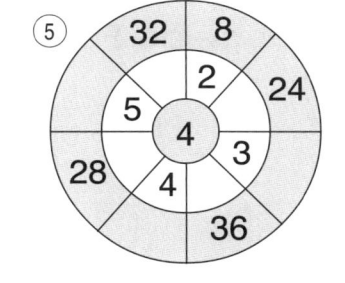

ab Seite 72

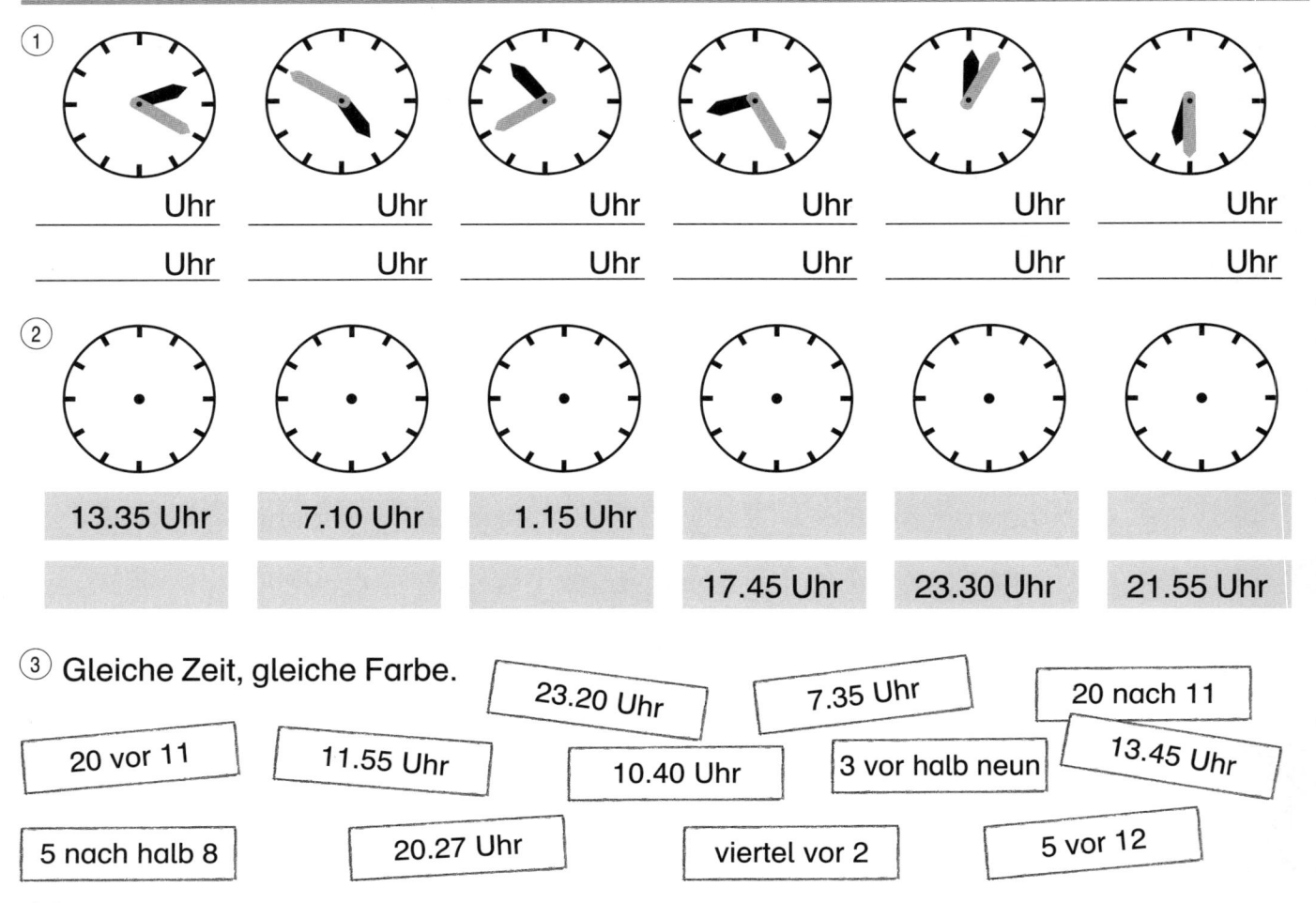

①

____ Uhr   ____ Uhr   ____ Uhr   ____ Uhr   ____ Uhr   ____ Uhr

____ Uhr   ____ Uhr   ____ Uhr   ____ Uhr   ____ Uhr   ____ Uhr

②

13.35 Uhr   7.10 Uhr   1.15 Uhr

                                  17.45 Uhr   23.30 Uhr   21.55 Uhr

③ Gleiche Zeit, gleiche Farbe.

23.20 Uhr   7.35 Uhr   20 nach 11

20 vor 11   11.55 Uhr   10.40 Uhr   3 vor halb neun   13.45 Uhr

5 nach halb 8   20.27 Uhr   viertel vor 2   5 vor 12

ab Seite 73

①

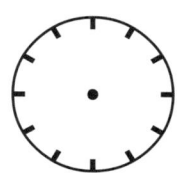

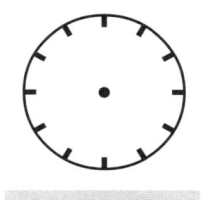

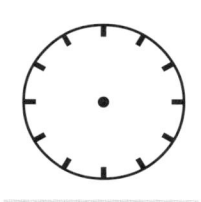

_____ _____ _____   4.40 Uhr   20.20 Uhr   0.55 Uhr

_____ _____ _____

② **Jetzt ist es 9.30 Uhr.**

In 3 Stunden ist es _____ Uhr.   In einer halben Stunde ist es _____ Uhr.

Vor eineinhalb Stunden war es _____ Uhr.   Vor zwanzig Minuten war es _____ Uhr.

In einer Dreiviertelstunde ist es _____ Uhr.   In viereinhalb Stunden ist es _____ Uhr.

Vor 6 Stunden war es _____ Uhr.   Vor fünfzig Minuten war es _____ Uhr.

③
7 · 5 = ___
3 · 8 = ___
6 · 10 = ___
4 · 2 = ___
9 · 4 = ___

④
16 = ___ · 2
32 = ___ · 8
15 = ___ · 5
40 = ___ · 10
24 = ___ · 4

⑤
12 : 4 = ___
20 : 5 = ___
72 : 8 = ___
18 : 2 = ___
30 : 10 = ___

⑥
25 : 5 = ___
90 : 10 = ___
28 : 4 = ___
48 : 8 = ___
14 : 2 = ___

⑦
3 · ___ = 12
6 · ___ = 24
4 · ___ = 32
5 · ___ = 50
8 · ___ = 40

ab Seite 74

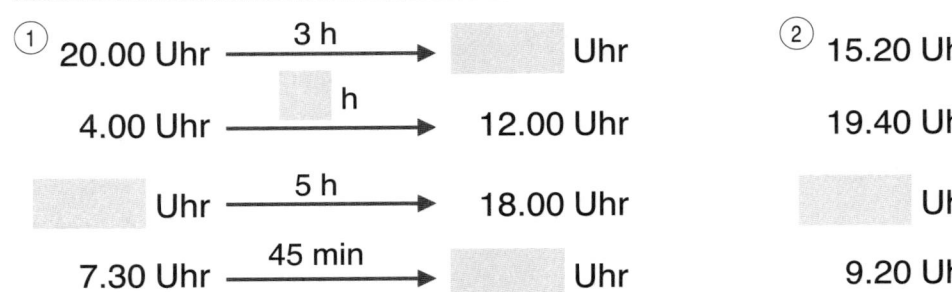

① 20.00 Uhr —— 3 h ——▶ ☐ Uhr   ② 15.20 Uhr —— 4 h ——▶ ☐ Uhr

   4.00 Uhr —— ☐ h ——▶ 12.00 Uhr   19.40 Uhr —— ☐ h ——▶ 21.40 Uhr

   ☐ Uhr —— 5 h ——▶ 18.00 Uhr   ☐ Uhr —— 6 h ——▶ 13.15 Uhr

   7.30 Uhr —— 45 min ——▶ ☐ Uhr   9.20 Uhr —— 50 min ——▶ ☐ Uhr

   10.00 Uhr —— ☐ h ☐ min ——▶ 12.15 Uhr   14.10 Uhr —— ☐ h ☐ min ——▶ 17.50 Uhr

③ Verbinde die Uhren mit der richtigen Zeitangabe.

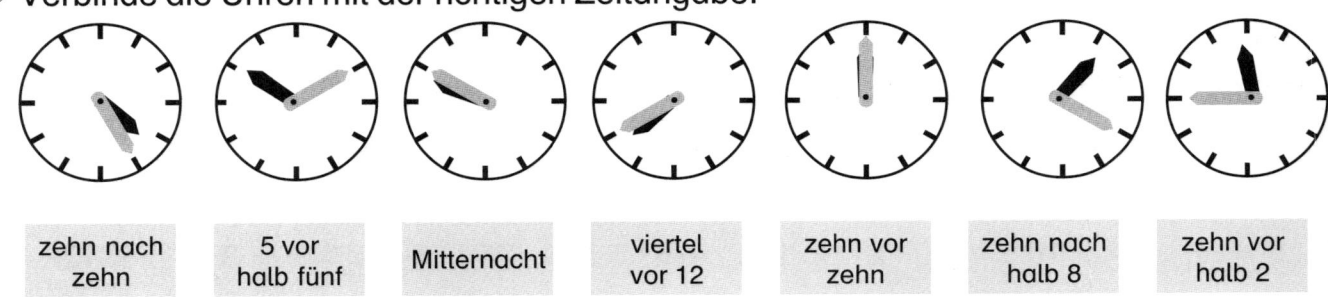

| zehn nach zehn | 5 vor halb fünf | Mitternacht | viertel vor 12 | zehn vor zehn | zehn nach halb 8 | zehn vor halb 2 |

④
38 min + 17 min = ____ min
9 min + 45 min = ____ min
24 min + 29 min = ____ min

⑤
75 min − 57 min = ____ min
96 min − 69 min = ____ min
84 min − 48 min = ____ min

⑥
49 min + ____ min = 1 h
15 min + ____ min = 1 h
56 min + ____ min = 1 h

ab Seite 75

Finde den Lösungssatz.

I	E	S	A	B	U	L	K	N	J	R	T	Z	H	C
1	3	4	6	8	9	12	16	20	25	28	32	48	56	90

1) $10 : 10 =$ ____
2) $45 + 45 =$ ____
3) $7 \cdot 8 =$ ____
4) $54 - 38 =$ ____
5) $24 : 4 =$ ____
6) $8 + 12 =$ ____
7) $4 \cdot 5 =$ ____
8) $50 - 25 =$ ____
9) $24 : 8 =$ ____
10) $16 + 16 =$ ____
11) $6 \cdot 8 =$ ____
12) $96 - 64 =$ ____
13) $72 : 8 =$ ____
14) $27 + 29 =$ ____
15) $7 \cdot 4 =$ ____
16) $84 - 36 =$ ____
17) $12 : 4 =$ ____
18) $0 + 1 =$ ____
19) $8 \cdot 4 =$ ____
20) $48 - 45 =$ ____
21) $40 : 2 =$ ____
22) $2 + 4 =$ ____
23) $1 \cdot 8 =$ ____
24) $24 - 12 =$ ____
25) $15 : 5 =$ ____
26) $3 + 1 =$ ____
27) $1 \cdot 3 =$ ____
28) $49 - 29 =$ ____

1)	2)	3)	4)	5)	6)	7)	8)	9)	10)	11)	12)

13)	14)	15)	16)	17)	18)	19)	20)	21)	22)	23)	24)	25)	26)	27)	28)

ab Seite 76

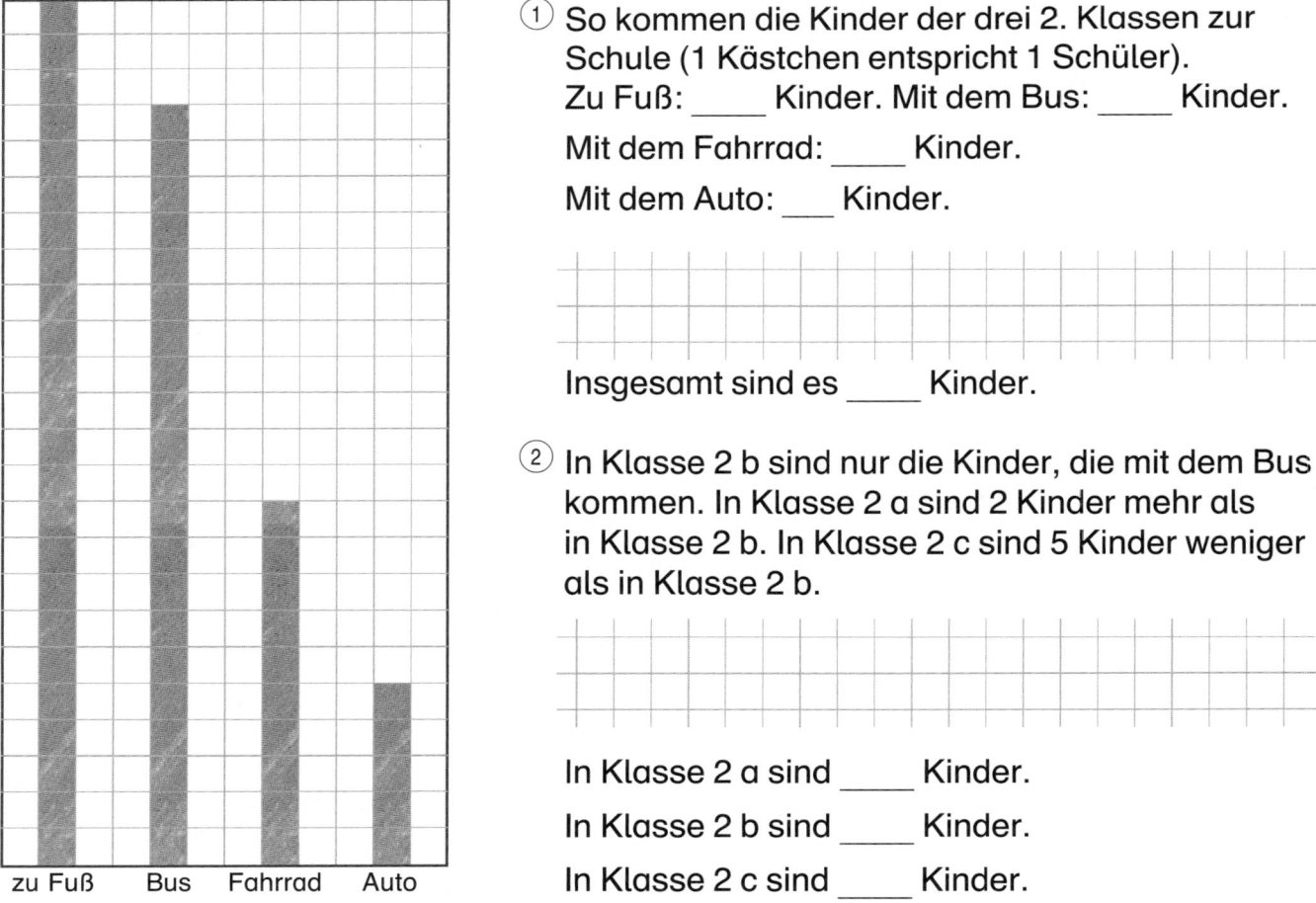

① So kommen die Kinder der drei 2. Klassen zur Schule (1 Kästchen entspricht 1 Schüler).
Zu Fuß: ____ Kinder. Mit dem Bus: ____ Kinder.
Mit dem Fahrrad: ____ Kinder.
Mit dem Auto: ____ Kinder.

Insgesamt sind es ____ Kinder.

② In Klasse 2 b sind nur die Kinder, die mit dem Bus kommen. In Klasse 2 a sind 2 Kinder mehr als in Klasse 2 b. In Klasse 2 c sind 5 Kinder weniger als in Klasse 2 b.

In Klasse 2 a sind ____ Kinder.
In Klasse 2 b sind ____ Kinder.
In Klasse 2 c sind ____ Kinder.

zu Fuß Bus Fahrrad Auto

7. TIGER-TEST

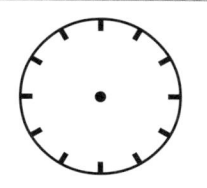

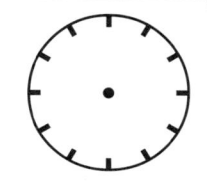

①

_____   _____   _____   2.15 Uhr   _____   9.20 Uhr
_____   _____   _____   22.40 Uhr   _____

② **Jetzt ist es 14.30 Uhr.**

In 20 min ist es _____ Uhr.   Vor 8 h 15 min war es _____ Uhr.
Vor 5 h war es _____ Uhr.   In 35 min ist es _____ Uhr.

③ 25 min + ____ min = 1 h
   8 min + ____ min = 1 h
   42 min + ____ min = 1 h
   37 min + ____ min = 1 h

④ 18.00 Uhr →4 h 30 min→ _____ Uhr
   13.50 Uhr →___ h→ 21.50 Uhr
   _____ Uhr →6 h 45 min→ 14.45 Uhr

⑤ 48 : 8 = ___, denn ___ · 8 = 48
   24 : 4 = ___, denn ___ · 4 = ___
   12 : 2 = ___, denn ___ · 2 = ___

⑥ 35 : 5 = ___, denn ___ · 5 = ___
   80 : 10 = ___, denn ___ · 10 = ___
   7 : 1 = ___, denn ___ · 1 = ___

69

① Wie viele Heftkästchen groß ist jede Fläche?

Ⓟ

Ⓡ

Ⓜ Heftkästchen

Heftkästchen

Ⓐ

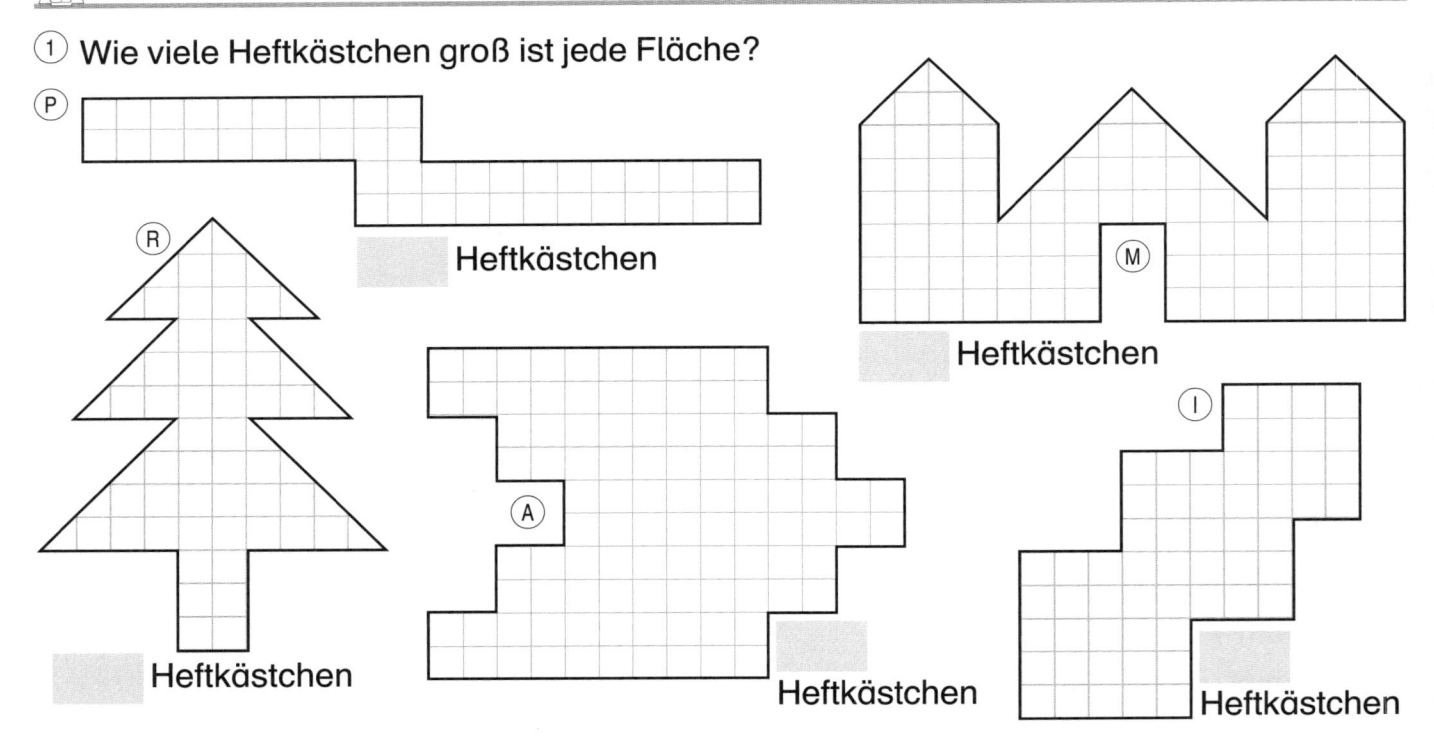

Ⓘ

Heftkästchen

Heftkästchen

Heftkästchen

② Ordne die Flächen nach der Größe. Die Buchstaben ergeben ein Lösungswort.

____ < ____ < ____ < ____ < ____   ___ ___ ___ ___ ___ !

③ Färbe die Flächen so, dass ein Muster entsteht.

70

ab Seite 80

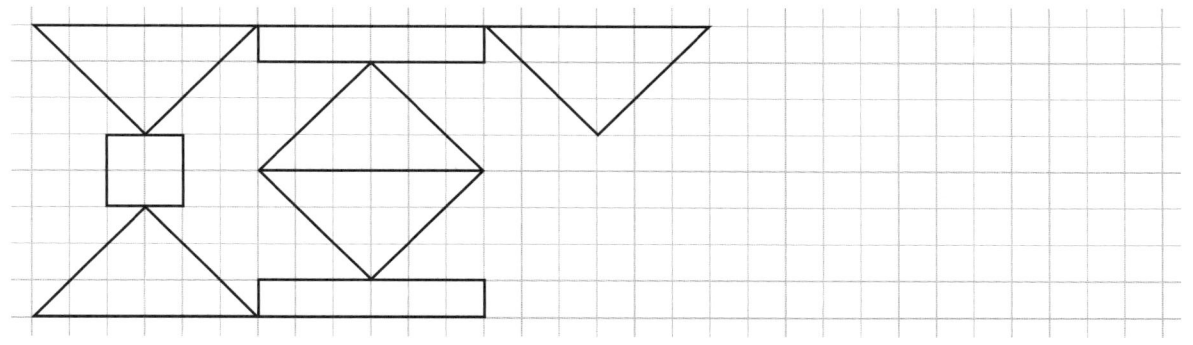

① 0 · 3 = ____
1 · 3 = ____
2 · 3 = ____
3 · 3 = ____
4 · 3 = ____
5 · 3 = ____
6 · 3 = ____
7 · 3 = ____
8 · 3 = ____
9 · 3 = ____
10 · 3 = ____

② 30 : 3 = ____
27 : 3 = ____
24 : 3 = ____
21 : 3 = ____
18 : 3 = ____
15 : 3 = ____
12 : 3 = ____
9 : 3 = ____
6 : 3 = ____
3 : 3 = ____
0 : 3 = ____

③ 0 · 6 = ____
1 · 6 = ____
2 · 6 = ____
3 · 6 = ____
4 · 6 = ____
5 · 6 = ____
6 · 6 = ____
7 · 6 = ____
8 · 6 = ____
9 · 6 = ____
10 · 6 = ____

④ 60 = ____ · 6
54 = ____ · 6
48 = ____ · 6
42 = ____ · 6
36 = ____ · 6
30 = ____ · 6
24 = ____ · 6
18 = ____ · 6
12 = ____ · 6
6 = ____ · 6
0 = ____ · 6

⑤ 3 · 3 = ____
3 · 6 = ____
5 · 3 = ____
5 · 6 = ____
7 · 3 = ____
7 · 6 = ____
9 · 3 = ____
9 · 6 = ____
2 · 3 = ____
4 · 6 = ____
8 · 3 = ____

⑥

ab Seite 81

① 　　　　　　② 　　　　　　③ 　　　　　　④ 　　　　　　⑤

0 · 9 = ____　　90 = ____ · 9　　0 : 9 = ____　　2 · 9 = ____　　10 · 3 = ____

1 · 9 = ____　　81 = ____ · 9　　9 : 9 = ____　　3 · 9 = ____　　10 · 6 = ____

2 · 9 = ____　　72 = ____ · 9　　18 : 9 = ____　　5 · 9 = ____　　10 · 9 = ____

3 · 9 = ____　　63 = ____ · 9　　27 : 9 = ____　　6 · 9 = ____　　8 · 3 = ____

4 · 9 = ____　　54 = ____ · 9　　36 : 9 = ____　　10 · 9 = ____　　8 · 6 = ____

5 · 9 = ____　　45 = ____ · 9　　45 : 9 = ____　　9 · 9 = ____　　8 · 9 = ____

6 · 9 = ____　　36 = ____ · 9　　54 : 9 = ____　　0 · 9 = ____　　6 · 3 = ____

7 · 9 = ____　　27 = ____ · 9　　63 : 9 = ____　　4 · 9 = ____　　6 · 6 = ____

8 · 9 = ____　　18 = ____ · 9　　72 : 9 = ____　　8 · 9 = ____　　6 · 9 = ____

9 · 9 = ____　　9 = ____ · 9　　81 : 9 = ____　　7 · 9 = ____　　4 · 6 = ____

10 · 9 = ____　　0 = ____ · 9　　90 : 9 = ____　　1 · 9 = ____　　4 · 9 = ____

⑥ Färbe die Zahlen der Dreierreihe rot, die der Viererreihe gelb und die Zahlen der Fünferreihe blau. Manche Zahlen haben zwei Farben.

| 18 | 4 | 27 | 50 | 6 | 5 | 32 | 15 | 40 | 3 |
| 35 | 16 | 25 | 28 | 21 | 36 | 8 | 9 | 10 | 30 | 45 |

ab Seite 82

①

·	2	4	8	3	6	9	5	10
5								
6								
7								
2								
4								
8								

3er-Reihe

6er-Reihe

9er-Reihe

②

·	9	6	3	10	5	8	4	2
10								
9								
1								
0								
2								
3								

73

ab Seite 83

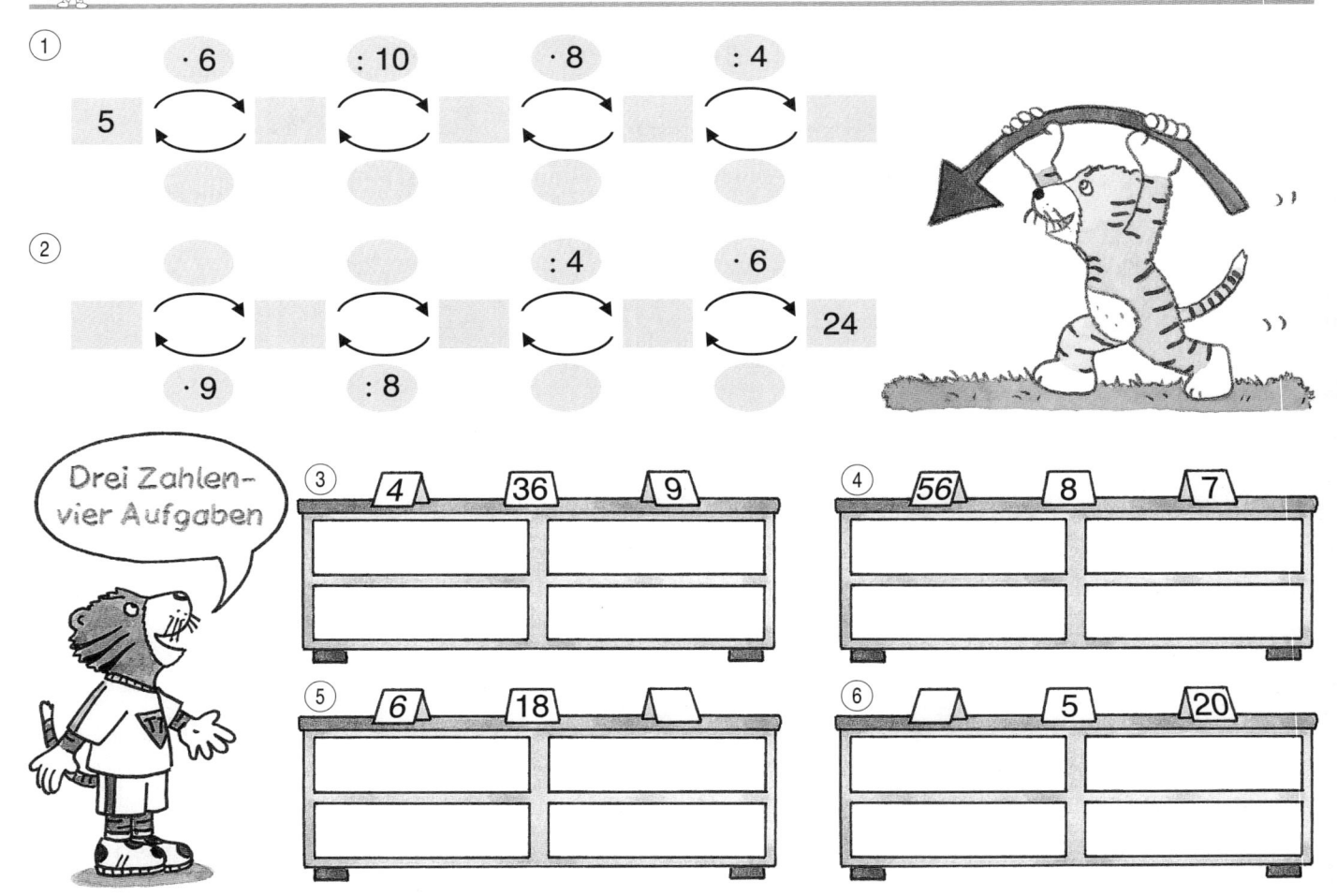

① ·6   :10   ·8   :4

5

② :4   ·6
      24
·9   :8

Drei Zahlen – vier Aufgaben

③ 4 36 9

④ 56 8 7

⑤ 6 18

⑥ 5 20

ab Seite 84

Finde die Rechenregel.

①
3		9
	1	2
		18

②
	25	25
40		
10		0

③
20		5
	1	
4		1

④
13	26	
28	14	
		81

Verwende jede Zahl genau einmal.

⑤ 32, 33, 34, 35, 66, 68

▭ − ▭ = ▭
▭ + ▭ = ▭

⑥ 2, 2, 4, 8, 8, 16

▭ : ▭ = ▭
▭ : ▭ = ▭

⑦ 1, 2, 5, 10, 10, 10

▭ · ▭ = ▭
▭ · ▭ = ▭

Gleiches Zeichen, gleiche Zahl.

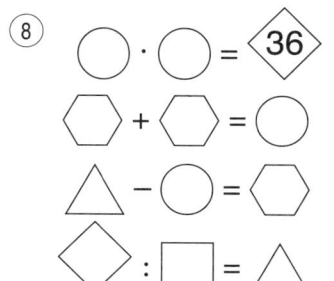

⑧
◯ · ◯ = ⬧36
⬡ + ⬡ = ◯
△ − ◯ = ⬡
⬧ : ▢ = △

⑨ Welche Zahl kommt in der Viererreihe, in der Fünferreihe und in der Achterreihe vor?

⑩ Welche Zahl kommt in der Dreierreihe, in der Sechserreihe und in der Neunerreihe vor?

ab Seite 85

① 46 cm + 38 cm = ____ cm   ② 92 cm − 53 cm = ____ cm   ③ 62 cm + ____ cm = 1 m

19 cm + 69 cm = ____ cm   73 cm − 39 cm = ____ cm   87 cm + ____ cm = 1 m

24 cm + 57 cm = ____ cm   81 cm − 33 cm = ____ cm   26 cm + ____ cm = 1 m

33 cm + 65 cm = ____ cm   64 cm − 46 cm = ____ cm   49 cm + ____ cm = 1 m

④ Vergleiche die Höhen der Gebäude. Berechne Höhenunterschiede.

Hochhaus – Aussichtsturm:

88 m − 59 m = ____ m   Unterschied: ____ m

Hochhaus – Wasserturm:

Hochhaus – Sendemast:

88 m   59 m   41 m   63 m

76

① 9 · 3 + 4 =
6 · 8 + 5 =
5 · 4 + 6 =
7 · 2 + 7 =

② 4 · 9 + 4 =
6 · 9 + 6 =
8 · 9 + 8 =
10 · 9 + 10 =

③ 7 · 5 − 6 =
8 · 4 − 3 =
4 · 9 − 7 =
5 · 6 − 1 =

④ 3 · 9 − 7 =
5 · 9 − 5 =
7 · 9 − 3 =
9 · 9 − 1 =

⑤ 18 : 2 =
27 : 3 =
36 : 4 =
45 : 5 =

⑥ 54 : 6 =
63 : 7 =
72 : 8 =
81 : 9 =

⑦ 32 : 4 =
18 : 3 =
56 : 8 =
24 : 6 =

⑧ 63 : 9 =
54 : 9 =
36 : 9 =
45 : 9 =

⑨ 28 : 4 =
48 : 6 =
32 : 8 =
30 : 5 =

Setze ein <, >, =.

⑩ 40 : 8 ◯ 56 : 7
72 : 9 ◯ 54 : 6
32 : 4 ◯ 25 : 5
36 : 6 ◯ 28 : 7

⑪ 24 : 3 ◯ 24 : 4
18 : 3 ◯ 18 : 2
20 : 5 ◯ 16 : 4
48 : 8 ◯ 27 : 9

⑫ ☐ · 3 < 12
☐ · 6 < 18
3 · ☐ > 24
5 · ☐ > 40

⑬ 20 : ☐ < 6
36 : ☐ < 7
24 : ☐ > 3
12 : ☐ > 4

ab Seite 86

8. TIGER-TEST

①

·	2	5	8
9			
6			
3			
10			
5			
8			
4			
2			

② 20 : 2 = ___, denn ___ · 2 = 20
27 : 3 = ___, denn ___
20 : 4 = ___, denn ___
25 : 5 = ___, denn ___
24 : 6 = ___, denn ___

③ 34 + 47 = ___
92 − 68 = ___
15 + 84 = ___
86 − 49 = ___

④ 6   42   7

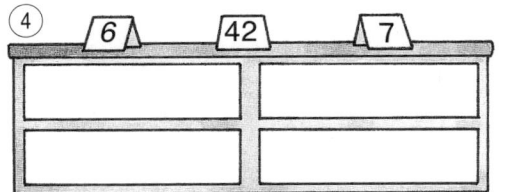

⑤ 8   ___   24

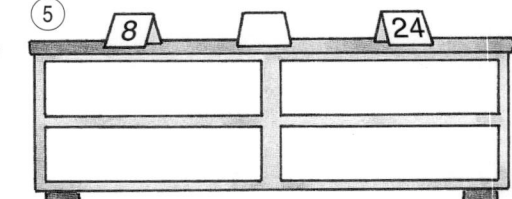

⑥ :2   ·5   :4   ·6   60

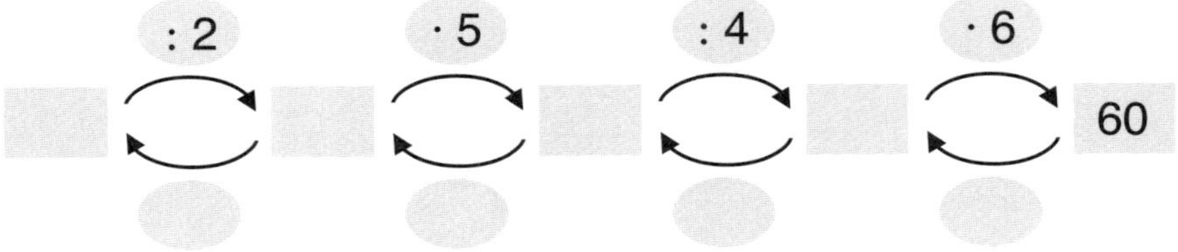

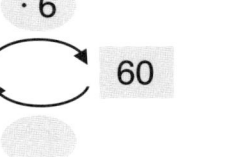

⑦

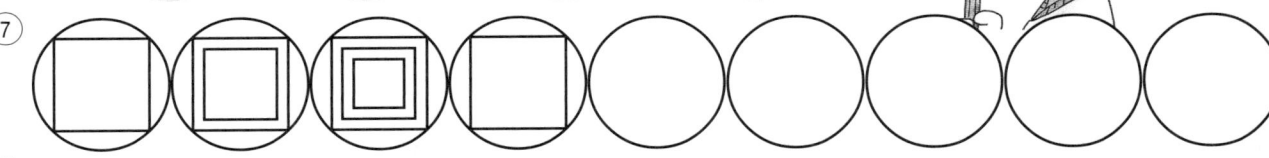

① Verteile 17 Kirschen an 5 Kinder.   17 : 5 = ___ R ___   K: 5 · 3 = 15   15 + 2 = 17

Verteile 26 Blumen an 3 Kinder. _____

Verteile 18 Kekse an 4 Kinder. _____

Verteile 35 Bonbons an 6 Kinder. _____

Verteile 42 Karten an 8 Kinder. _____

Verteile 64 Trauben an 10 Kinder. _____

Verteile 53 Rosinen an 9 Kinder. _____

② 30 : 5 = _____
31 : 5 = _____
33 : 5 = _____

③ 24 : 3 = _____
26 : 3 = _____
27 : 3 = _____

④ 28 : 4 = _____
29 : 4 = _____
31 : 4 = _____

⑤ 45 : 9 = _____
47 : 9 = _____
50 : 9 = _____

⑥ 64 : 8 = _____
66 : 8 = _____
69 : 8 = _____

⑦ 54 : 6 = _____
55 : 6 = _____
59 : 6 = _____

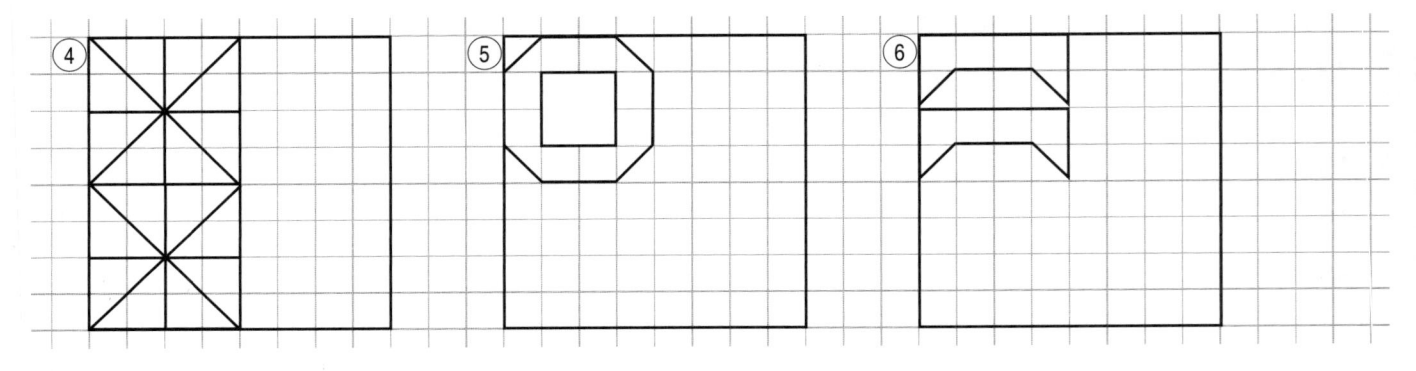

① 16 : 8 = ___   ② 14 : 2 = ___   ③ 25 : 3 = ___ R ___, K: _____
24 : 8 = ___   18 : 2 = ___   23 : 3 = ___ R ___, K: _____
12 : 4 = ___   70 : 10 = ___   17 : 3 = ___ R ___, K: _____
32 : 4 = ___   90 : 10 = ___   13 : 3 = ___ R ___, K: _____
54 : 9 = ___   24 : 3 = ___   11 : 3 = ___ R ___, K: _____
27 : 9 = ___   18 : 3 = ___   18 : 8 = ___ R ___, K: _____
48 : 6 = ___   17 : 1 = ___   23 : 8 = ___ R ___, K: _____
30 : 6 = ___   11 : 1 = ___   34 : 8 = ___ R ___, K: _____
45 : 5 = ___   21 : 7 = ___   52 : 8 = ___ R ___, K: _____
35 : 5 = ___   49 : 7 = ___   81 : 8 = ___ R ___, K: _____

ab Seite 89

① Fünf Kinder machen einen Weitwurf-Wettbewerb. Anna wirft den Ball 26 m weit, Johannes wirft ihn 4 m weiter. Uli wirft nur halb so weit wie Anna. Claudia und Uli werfen zusammen so weit wie Johannes. Claudia wirft 8 m kürzer als Kathi.

Anna ☐ m   Johannes ☐ m   Uli ☐ m   Claudia ☐ m   Kathi ☐ m

② Stelle die Wurfweiten in einem Balkendiagramm dar. 1 Kästchen entspricht 1 m.

| Anna |
| Johannes |
| Uli |
| Claudia |
| Kathi |

ab Seite 91

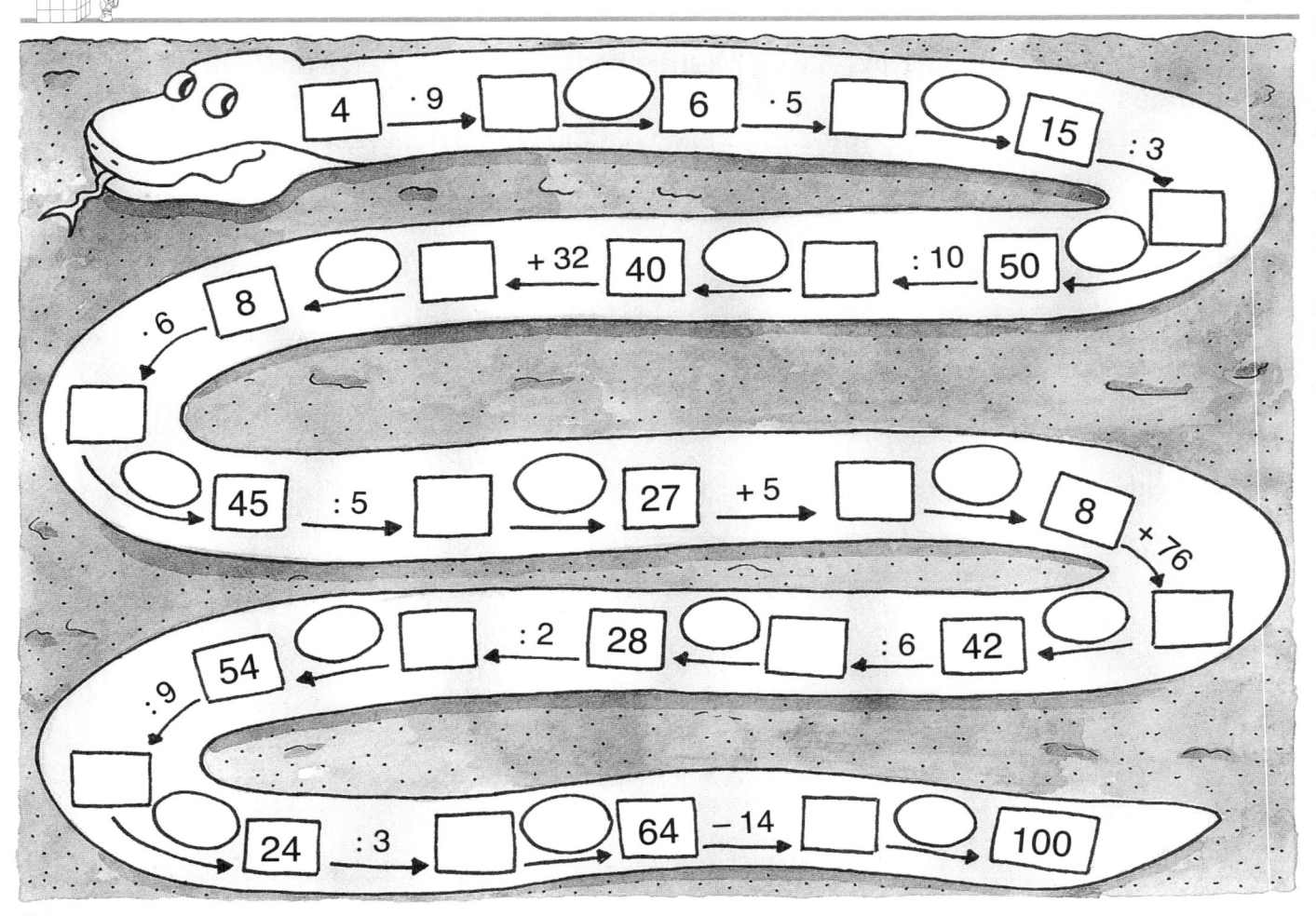

4 · 9 → ☐ ◯ 6 · 5 → ☐ ◯ 15 : 3 → ☐ ◯ ☐ : 10 50 ← ... ← 40 + 32 ← ☐ ◯ 8 · 6 → ☐ ◯ 45 : 5 → ☐ ◯ 27 + 5 → ☐ ◯ 8 + 76 → ☐ ◯ 42 : 6 ← ☐ ◯ 28 : 2 ← ☐ ◯ 54 · 9 → ☐ ◯ 24 : 3 → ☐ ◯ 64 − 14 → ☐ ◯ 100

ab Seite 92

Tauschaufgaben

① 3 · 9 = ____   9 · 3 = ____
  5 · 6 = ____
  7 · 4 = ____
  8 · 2 = ____
  6 · 10 = ____
  4 · 5 = ____
  7 · 2 = ____
  3 · 6 = ____
  7 · 9 = ____
  9 · 4 = ____

Umkehraufgaben

③ 48 : 6 = ____   ▢ · 6 = 48
  41 : 6 = ____ R ____   ▢ · 6 = 36   36 + ▢ = 41
  45 : 9 = ____
  39 : 9 = ____ R ____
  72 : 8 = ____
  68 : 8 = ____ R ____
  24 : 3 = ____
  20 : 3 = ____ R ____
  36 : 4 = ____
  31 : 4 = ____ R ____

② 5 + 48 = ____   48 + 5 = ____
  8 + 57 = ____
  3 + 69 = ____
  6 + 86 = ____
  4 + 78 = ____

④ 95 − 49 = ____   ____ + 49 = 95
  33 − 17 = ____
  52 − 28 = ____
  74 − 56 = ____
  41 − 39 = ____

ab Seite 93

①
0 · 7 = ____
1 · 7 = ____
2 · 7 = ____
3 · 7 = ____
4 · 7 = ____
5 · 7 = ____
6 · 7 = ____
7 · 7 = ____
8 · 7 = ____
9 · 7 = ____
10 · 7 = ____

7 · 0 = ____
7 · 1 = ____
7 · 2 = ____
7 · 3 = ____

②
70 = ___ · 7
63 = ___ · 7
56 = ___ · 7
49 = ___ · ___
42 = ___ · ___
35 = ___ · ___
28 = ___ · ___
21 = ___ · ___
14 = ___ · ___
7 = ___ · ___
0 = ___ · ___

③
0 : 7 = ____
7 : 7 = ____
14 : 7 = ____
21 : 7 = ____
28 : 7 = ____
35 : 7 = ____
42 : 7 = ____
49 : 7 = ____
56 : 7 = ____
63 : 7 = ____
70 : 7 = ____

④
___ · 7 = 14
___ · 7 = 21
___ · 7 = 35
___ · 7 = 28
___ · 7 = 42
___ · 7 = 70
___ · 7 = 63
___ · 7 = 56
___ · 7 = 49
___ · 7 = 7
___ · 7 = 0

⑤ Wie viele △, □ und ▭ siehst du?

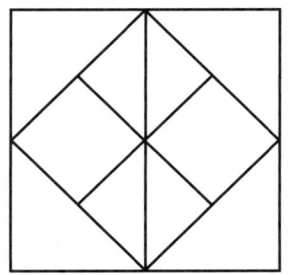

___ Dreiecke
___ Quadrate
___ Rechtecke

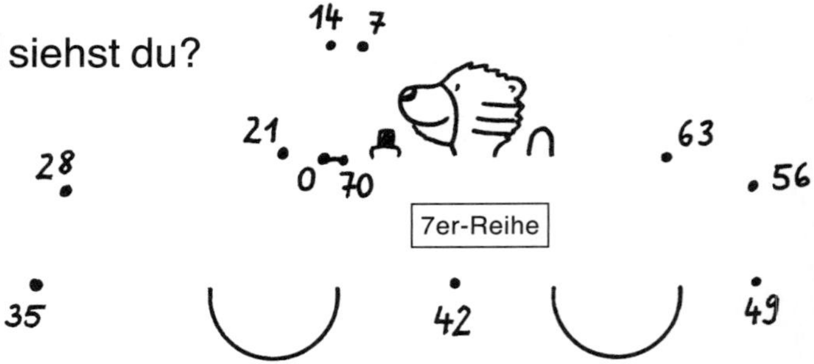

7er-Reihe

84

ab Seite 94

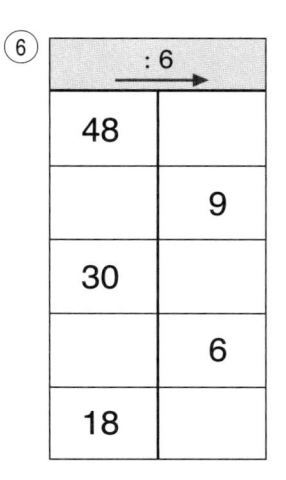

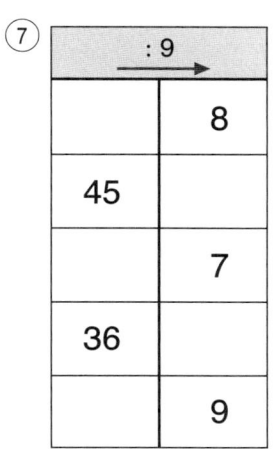

① · 5

2	
4	
	15
8	
	30

② · 8

6	
	24
7	
	40
	64

③ · 3

	9
6	
	21
4	
	27

④ · 7

7	
	56
5	
	63
6	

⑤ : 2

18	
	4
	7
10	
	12

⑥ : 6

48	
	9
30	
	6
18	

⑦ : 9

	8
45	
	7
36	
	9

⑧ : 4

24	
	8
36	
	1
28	

85

ab Seite 95

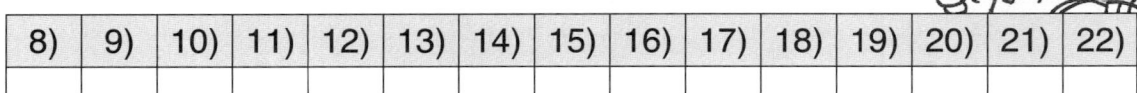

Finde den Lösungssatz.

T	K	C	L	A	I	N	H	R	E	S	G	M	F	!
3	4	6	7	8	9	12	15	18	24	36	49	54	64	100

1) 3 · 3 = ___
2) 42 : 7 = ___
3) 5 · 3 = ___
4) 32 : 8 = ___
5) 24 : 3 = ___
6) 2 · 6 = ___
7) 3 · 4 = ___

8) 7 · 7 = ___
9) 4 · 6 = ___
10) 61 − 46 = ___
11) 12 + 12 = ___
12) 54 : 6 = ___
13) 6 · 9 = ___
14) 18 + 18 = ___

15) 48 : 8 = ___
16) 6 + 9 = ___
17) 3 · 6 = ___
18) 92 − 83 = ___
19) 8 · 8 = ___
20) 27 : 9 = ___
21) 49 − 25 = ___

22) 24 : 2 = ___
23) 56 : 8 = ___
24) 94 − 70 = ___
25) 4 · 9 = ___
26) 48 : 2 = ___
27) 1 + 11 = ___
28) 20 · 5 = ___

1)	2)	3)	4)	5)	6)	7)

8)	9)	10)	11)	12)	13)	14)	15)	16)	17)	18)	19)	20)	21)	22)

23)	24)	25)	26)	27)	28)

9. TIGER-TEST

①

+ 13	
48	
	71
53	
	32
67	

②

· 6	
	36
8	
	24
5	
	54

③

− 15	
92	
	41
74	
	53
19	

④

: 7	
	9
42	
	8
35	
	4

Setze ein <, >, =.

⑤ 4 · 3 ◯ 2 · 7
76 − 48 ◯ 5 · 5
18 : 3 ◯ 24 : 4
48 : 8 ◯ 36 − 24
7 · 9 ◯ 31 + 31
19 + 14 ◯ 80 : 2

⑥ ▒ · 7 < 25
▒ · 8 < 57
6 · ▒ > 16
5 · ▒ > 18
12 : ▒ < 6
18 : ▒ > 7

⑦ 43 : 6 = ___ R ___
59 : 9 = ___ R ___
37 : 7 = ___ R ___
31 : 8 = ___ R ___
46 : 5 = ___ R ___
29 : 4 = ___ R ___

ab Seite 96

①
·	4	5	3	2	6	7
4						
5						
7						
8						

②
:	2	3	4	6	7	8
8						
12						
24						
36						

③
+	38	39	15	14	66	67
26						
27						
18						
19						

④
−	48	47	55	56	13	12
95						
94						
81						
82						

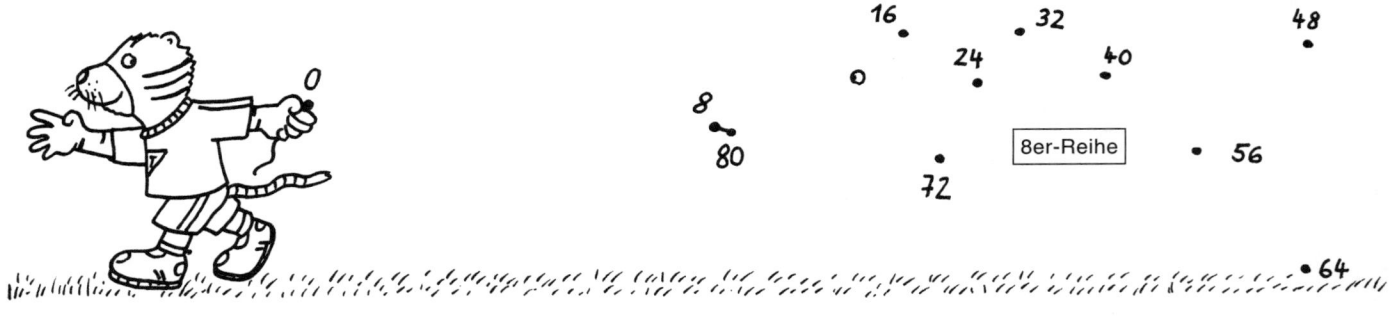

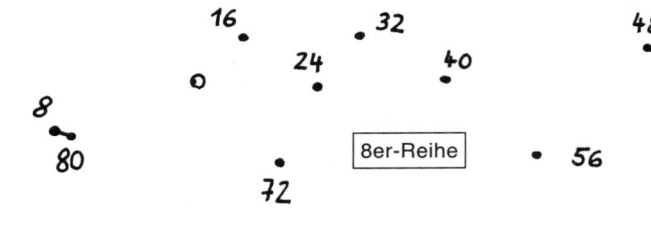

8er-Reihe

88

ab Seite 97

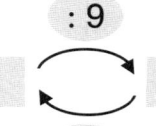

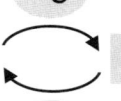

Löse mit Hilfe der Umkehraufgabe.

①
___ · 3 = 15   15 : 3 = ___
___ · 7 = 42   42 : 7 = ___
___ · 5 = 40   40 : 5 = ___
___ · 2 = 18   18 : 2 = ___
___ · 8 = 32
___ · 4 = 28
___ · 9 = 54
___ · 6 = 30
___ · 10 = 100
___ · 1 = 7

②
___ − 52 = 28   28 + 52 = ___
___ − 37 = 49   49 + 37 = ___
___ − 44 = 17
___ − 19 = 79
___ − 26 = 35
___ + 45 = 92   92 − 45 = ___
___ + 38 = 85
___ + 22 = 71
___ + 53 = 91
___ + 17 = 64

③ : 9 → +35 → −38 → · 8 → 40

89

ab Seite 98

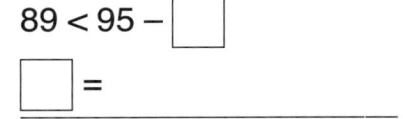

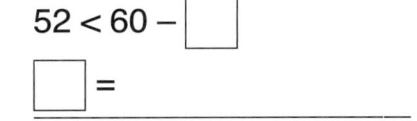

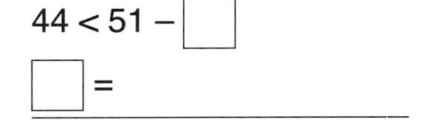

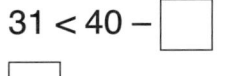

① 40 > 9 · ☐
☐ = 0,

35 > 5 · ☐
☐ =

30 > 8 · ☐
☐ =

25 > 4 · ☐
☐ =

20 > 3 · ☐
☐ =

15 > 2 · ☐
☐ =

② 42 + ☐ < 49
☐ =

85 + ☐ < 91
☐ =

57 + ☐ < 62
☐ =

16 + ☐ < 25
☐ =

29 + ☐ < 33
☐ =

34 + ☐ < 40
☐ =

③ 68 < 77 − ☐
☐ =

7 < 14 − ☐
☐ =

89 < 95 − ☐
☐ =

52 < 60 − ☐
☐ =

44 < 51 − ☐
☐ =

31 < 40 − ☐
☐ =

ab Seite 99

Zeichne die Beträge.

① Mit 4 Scheinen

60 €

② Mit 3 Scheinen und 3 Münzen

45 €

③ Mit 4 Scheinen und 2 Münzen

24 €

④ Mit 2 Scheinen und 3 Münzen

10 € 50 ct

⑤ Mit 3 Scheinen und 3 Münzen

15 € 70 ct

⑥ Mit 4 Scheinen und 4 Münzen

50 € 45 ct

⑦ Mit 5 Scheinen und 2 Münzen

26 €

⑧ Mit 3 Scheinen und 3 Münzen

32 €

⑨ Mit 8 Münzen

4 €

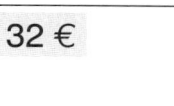

ab Seite 100

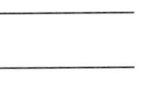

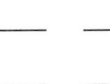

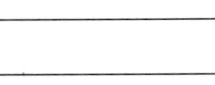

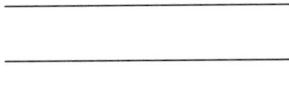

①

13 : 7 = ___ R ___   1 · 7 = 7   7 + 6 = ____
14 : 7 = ___
15 : 7 = ___ R ___
16 : 7 = ___ R ___

②

29 : 3 = ___ R ___
27 : 3 = ___
25 : 3 = ___ R ___

③

24 : 2 = ___
21 : 2 = ___ R ___
18 : 2 = ___

④

 5 : 8 = ___ R ___
10 : 8 = ___ R ___
15 : 8 = ___ R ___

ab Seite 101

① 27 + 13 = ___
28 + 14 = ___
29 + 15 = ___

② 51 − 22 = ___
50 − 23 = ___
49 − 24 = ___

③ 72 + 16 = ___
60 + 17 = ___
48 + 18 = ___

④ 88 − 72 = ___
77 − 62 = ___
66 − 52 = ___

⑤ 2 · 8 = ___   8 · 2 = ___
3 · 8 = ___   8 · 3 = ___

3 · 3 = ___
4 · 3 = ___

6 · 7 = ___
7 · 7 = ___

5 · 4 = ___
6 · 4 = ___

⑥ 45 : 9 = ___   ___ · 9 = 45
46 : 9 = ___ R ___   ___ · 9 = 45   45 + 1 = 46

48 : 6 = ___
49 : 6 = ___ R ___

63 : 7 = ___
62 : 7 = ___ R ___

24 : 4 = ___
23 : 4 = ___ R ___

93

ab Seite 102

① 2 h 40 min →

② 45 min →

③ ☐ h ☐ min →

④ 1 h 50 min →

Welche Zahl passt nicht in die Einmaleinsreihe? Streiche sie durch.

⑤ | 8 | 32 | 23 | 16 | 24 | 64 | ⑥ | 36 | 9 | 45 | 28 | 72 | 54 |

⑦ 19 min + ____ min = 1 h
32 min + ____ min = 1 h
47 min + ____ min = 1 h
98 min − ____ min = 1 h
72 min − ____ min = 1 h
65 min − ____ min = 1 h

⑧ 2 € 75 ct + ____ ct = 3 €
4 € 90 ct + ____ ct = 5 €
5 € 84 ct + ____ ct = 6 €
8 € 27 ct − ____ ct = 8 €
3 € 68 ct − ____ ct = 3 €
6 € 0 ct − ____ ct = 5 €

⑨ 64 cm + ____ cm = 1 m
22 cm + ____ cm = 1 m
56 cm + ____ cm = 1 m
____ cm − 12 cm = 1 m
____ cm − 44 cm = 1 m
____ cm − 31 cm = 1 m

ab Seite 103

Die Muster werden immer größer. Wie viele graue Felder hätte die 10. Figur?

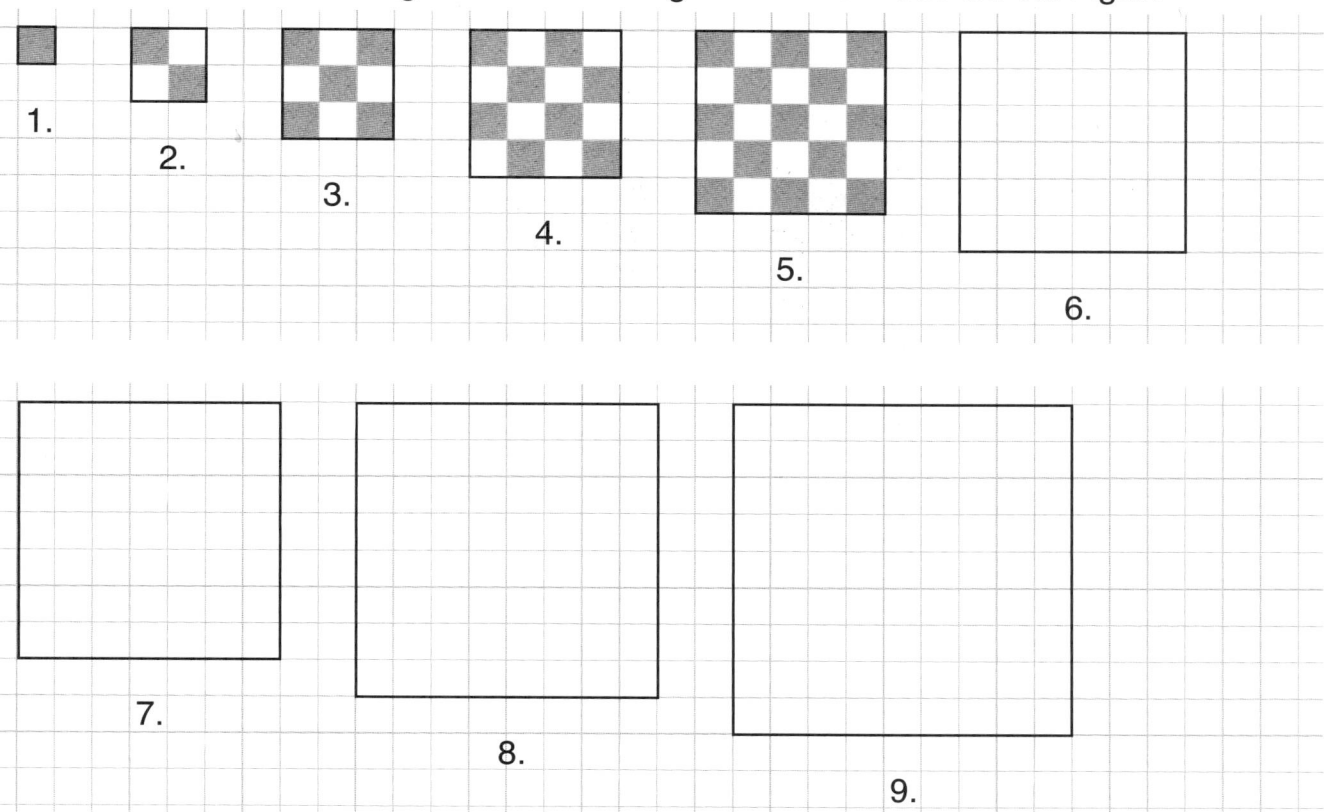

1.
2.
3.
4.
5.
6.
7.
8.
9.

Die 10. Figur hätte ____ graue Felder.

95

10. TIGER-TEST

①

·	4	7	9
4			
	12		
		35	
			72

②

−	25	31	57
			18
		43	
	36		
85			

③

:	2	6	8
24			
	9		
		6	
			5

④

+	29	36	50
			50
		99	
	88		
34			

⑤ 47 : 6 = ___ R ___
35 : 4 = ___ R ___
85 : 8 = ___ R ___

⑥ 99 : 10 = ___ R ___ K: _____
44 : 5 = ___ R ___ K: _____
37 : 7 = ___ R ___ K: _____

⑦

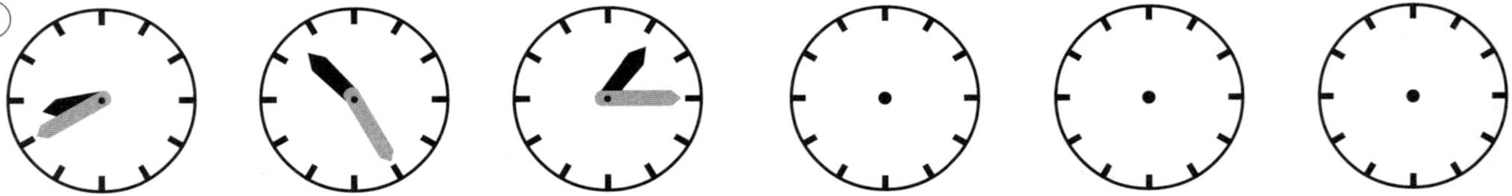

2.45 Uhr   21.55 Uhr   0.05 Uhr

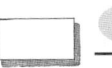

⑧ 29 →+35→ ☐ →:8→ ☐ →·7→ ☐ →−29→ ☐ →→ 3